AF370531

Antonio Hurtado de Mendoza

Ni callarlo ni decirlo

Barcelona **2024**
Linkgua-ediciones.com

Créditos

Título original: Ni callarlo ni decirlo.

© 2024, Red ediciones S.L.

e-mail: info@linkgua.com

Diseño de cubierta: Michel Mallard.

ISBN tapa dura: 978-84-1126-181-4.
ISBN rústica: 978-84-9816-072-7.
ISBN ebook: 978-84-9897-549-9.

Cualquier forma de reproducción, distribución, comunicación pública o transformación de esta obra solo puede ser realizada con la autorización de sus titulares, salvo excepción prevista por la ley. Diríjase a CEDRO (Centro Español de Derechos Reprográficos, www.cedro.org) si necesita fotocopiar, escanear o hacer copias digitales de algún fragmento de esta obra.

Sumario

Brevísima presentación

La vida

Antonio Hurtado de Mendoza (Castro Urdiales, Cantabria, 1586-Zaragoza, 22 de septiembre de 1644). España.

Gozó de notable fama de entremesista y de escritor de obras cortas para la Corte del rey Felipe III y para su descendiente Felipe IV. Para este último en 1621 escribió la *Relación de las fiestas celebradas en Aranjuez*. En 1623, gracias a su vocación servilista y literaria consiguió ser nombrado secretario real y miembro de la Orden de Santiago y Calatrava. En 1632 ejerció de secretario del Consejo de la Inquisición y secretario de la Cámara de Justicia en 1641. Fue amigo de Luis de Góngora, Lope de Vega, Francisco de Quevedo, Juan Pérez de Montalbán y Gabriel Bocángel.

Redactó diversos textos poéticos y dramáticos para la Corte. En su obra lírica, encuadrada en el Culteranismo, destaca la *Convocatoria de las cortes de Castilla*, escrita con motivo de la jura ante la Corte del príncipe Baltasar Carlos, o la *Vida de Nuestra Señora*. Sus poemas fueron en su mayor parte recogidos en *Obras líricas y cómicas, divinas y humanas* (1690).

Fue un poeta dramático de gran éxito, a pesar de que escribió poco y no cuidó bien la edición de sus obras. Entre sus obras teatrales están *El marido hace mujer y el trato muda costumbre* (1631-32) (utilizado por Molière como inspiración para su *École des marts*), *Cada loco con su tema o el montañés indiano* (1630), *No hay amor donde no hay agravio*, *Los empeños del mentir* o *Más merece quien más ama* (esta última escrita junto a Diego Juan de Vera Tassis).

Personajes

El Rey don Alfonso el grande de Aragón
Don Juan de Ayala, caballero castellano
Don Blasco de Alagón
Dos caballeros Cortesanos: Lupercio y otro
Gonzalo, criado de don Juan
Doña Elvira de Aragón, hermana del conde de Urgel
[Juana], una Criada suya
Doña Aldonza, dama

Jornada primera

(Salga Don Juan de Ayala, pensativo y paseándose por el tablado, y Gonzalo, su criado, detrás de él, mirando del mismo modo. Y después de haber dado una vuelta al tablado y dicho la primera copla, tírele de la capa y diga las demás.)

Gonzalo [Aparte.] (¿Hay suspensión más extraña?
¿Hay amor tan enfadoso?
Ea, embisto; que es forzoso
que se empiece la maraña.)
 ¡Ah señor! ¡Qué embelesado
se está sin oír ni hablar!
¡El diablo puede esperar
lo que se dice un callado!
 Si es que hacer por lo entendido
del divertirte gran precio,
si quieres ser menos necio,
¡sé necio, y no divertido!
 ¿Hay embeleso, hay espanto
de amor igual? Luego vi
que es estar menos en sí
el estar consigo tanto.

Juan Este hermoso, este grande, este escondido
afecto de mi amor, que retirado
yace en el hondo mar de mi cuidado,
y en la ardiente región de mi
 ¿cuándo en voz se verá, cuándo en gemido
de lazos de silencio desatado,
o siempre en mis memorias obstinado,
cuándo podré acordarme algún olvido?
 Recato es no morir. Ninguno acierte
en mi estrago, la causa al alma asida,

la mano celestial, el dueño altivo.
  Quitaré la costumbre de la muerte
y hecho sepulcro de mi propia vida,
polvo de amor seré, quedando vivo.

Gonzalo   ¿Sonetico? Los condeno.
¡Pardiós!, que quiero decillo
si el soteno y tabardillo
salen mal del catorceno.
  ¡Cuál diablos la dama es,
que de un hombre honrado amada
modestamente, se enfada
de una injuria tan cortés!
[Aparte.]   (¡Díjelo pulidamente!)
Sea esa fembra en buen hora.
Si del solar del aurora,
de todo el Sol descendiente,
  tu nobleza, aunque no iguala
tu presunción, ¿qué se humilla?
¿No fue tu agüelo en Castilla,
Don Pedro López de Ayala?
  ¡Qué suspenso está, y qué mudo!
[Aparte.]   (¡Vive Dios, que me he vengado!
¡Que a un divertido menguado
dalle con lo linajudo!)

Juan   Un dolor me ha de matar,
hermoso, esquivo y severo;
que si no sano, me muero,
y muero por no sanar.
  ¡Cielos! ¿Por qué ha de ser mengua
el que yo diga mi amor?
¡Oh, qué recio habla un dolor
en lo mudo de una lengua!

Si mudamente he de amar
a lo que en tanto sentir,
mi pena puede decir
«estrecho viene el callar».

[Aparte.]   (¡Ay, Elvira de Aragón!
¡Y qué bien en tu hermosura,
acertando mi locura,
desatina mi razón!

Tan alto empeño me fío,
que en tu gloriosa beldad
cuanto es mayor vanidad
es mayor acierto mío.)

¿Dónde consuelo y disculpa
hallará mi amor? Jamás,
si a aquello en que acierto más,
vengo a tener mayor culpa.

Si mi pena, si mi llanto,
si mi amor, que no le entienden,
aún en mi silencio ofenden,
no puedo más que amar tanto.

Gonzalo   No se vio amor tan callado,
ni tan escondida llama
que no la entienda la dama
o la sepa su criado.

Soy criado noble en efecto
de gran punto y ley entera,
que si tu lacayo fuera,
me rogara tu secreto.

[Aparte.]   (Quiero de esta fantasía
divertille si me atrevo.)
¿Sabes, di, lo que hay de nuevo?

Juan   ¿Hay alguna dicha mía?

Gonzalo

Oh, ¡qué vulgares engaños!
¿Sabes que el rey, que Dios guarde,
sale en público esta tarde?

Juan

Salga, y viva muchos años.

Gonzalo

Hay famosas competencias;
que al rey privado no dan
hasta agora.

Juan

Así estarán
ociosas las reverencias.

Gonzalo

También entras en la dicha;
que en decir el pueblo ha dado,
que tú has de ser el privado.

Juan

¡Aún me falta esa desdicha!

Gonzalo

¡Por Dios, que miento; oh, traidora
lisonjera! Mas, ¿qué espero?;
que por si lo fuere, quiero
ayudalle desde agora.
El rey sale. Poco a poco
te introduce con primor
entre todos.

Juan

Hay amor
por callar, ¡mas no estoy loco!

(Sale el Rey con mucho acompañamiento [Lupercio y un Cortesano entre ellos], y Don Juan y su criado se introducen entre todos, y Don Blasco de Alagón viene de viejo.)

Lupercio   Hoy es el primero día
que verse Alfonso ha dejado
después que el reino ha heredado.
¡Mil siglos su bizarría
   logre y su ingenio!, que en él,
con juicio siempre despierto,
cada paso es un acierto,
cada ación es un laurel.
   Hoy se espera la elección
que ha de hacer de camarero
mayor.

Cortesano   ¿Y en quién?

Lupercio   Yo la espero
en don Blasco de Alagón.
   Todo el pueblo así lo siente;
pero hay otros que alcanzallo
esperan.

Cortesano   El esperallo
se merece fácilmente.

Rey   Don Blasco.

Lupercio   A don Blasco llama.
Su camarero mayor
le nombra.

Rey   Vuestro valor,
que ocupa entera la fama,
   tantos años ha servido,
que en su casa retirado

podrá vivir descansado.

Blasco

     Mil veces, señor, te pido
la mano, que hoy haces ley
de príncipe justo y manso,
que hacer merced de descanso,
no lo ha podido otro rey.

Lupercio

     Con muy baratas mercedes
empieza el rey.

Blasco

          Ha premiado
mis servicios.

Cortesano

         Él te ha dado
lo que tú tomar te puedes.

Blasco

     Sabio el rey empieza a ser,
que no al que importuno sea
le ha de dar lo que desea,
sino lo que ha menester.
    Yo estoy contento.

Rey

          El señor
de Urrea...

Blasco

        De honralle trata
el rey.

Rey

      ...de Aranda y Morata
él, y él de Illueca y Gotor
  son Condes.

Blasco

        Justa merced.

Gonzalo   ¿Dos condes? ¡De dos en dos
van las señorías! ¡Dios
nos tenga de su merced!

Juan   Los reyes que honras no dan,
¿en qué reinan? ¡Qué altamente
ha hecho agora más de veinte
en Castilla el rey don Juan!

Cortesano   Por los ausentes empieza.

Blasco   Del rey, con justa alabanza,
cuánto más lejos alcanza
es más grande la grandeza.

Lupercio   Del fuego y del Sol jamás
pierde un buen rey la costumbre
que al ms cercano a su lumbre
enciende y calienta más.
     Poco el rey me satisface.
Cortesanos de primor
no han de culpar lo peor
sino aquello que se hace.

Gonzalo   ¿Cuándo sale este embozado?

Rey   Don Juan de Ayala.

Juan   ¿Señor?

Rey   Mi camarero mayor
sois ya.

Gonzalo   Doyme a mesurado,
           y hablar quiere al rey mi amigo.

Juan   ¡Tente, loco! ¡Tente, acaba!

Gonzalo   Ansí, ansí. No me acordaba
           que el rey ha de hablar conmigo.

Cortesano   Bien muestra el rey en el modo
           que nació en Castilla, pues
           más que a tanto aragonés
           precia a un castellano.

Blasco   En todo
             muestra el rey que es sabio y justo;
           que el serville en la corona
           todos, pero en la persona,
           los que fueren de su gusto.

Rey   A honrarte públicamente
           solo salí.

Juan   De tu vida,
           siglos veas.

Rey   Tu lucida,
           noble pobreza decente
           a elegirte me ha obligado;
           que un caballero que ha sido
           en la miseria sufrido,
           será en el poder templado.
             No [abuses] edad ninguna;
           que gran sangre conservada
           en limpieza y vida honrada

es grande en cualquier fortuna.
    Queda y oye de la gente
el aplauso entremetido;
que ha poco que eres valido
y sabrá él que te miente.

(Vase.)

Lupercio   ¡Qué elección! ¿A un forastero
no le das el parabién?

Blasco   ¿Harélo cuando le den
lo que él merece y yo espero?

Cortesano   El viejo nos calla en vano
la envidia que no se ignora.

Blasco   Adulad poco, que agora
para engañalle es temprano.

(Vase.)

Lupercio [Aparte.]   Todo el reino, (y los demás),
sea holgado, y muy justamente,
de la elección excelente
que el rey ha hecho.

Juan   Jamás
la esperes y será acertada,
si es que en serviros lo ha sido.

Cortesano   También él nos ha mentido.
No nos queda a deber nada.

Lupercio   Don Blasco —y los dos testigos—
consentimiento molesto
ha mostrado.

Juan   No, es muy presto
para tener enemigos.
    Don Blasco es hombre real.

Cortesano   Fuése y no dio parabién.

Juan   Aún no le [he] hecho ningún bien
para que me quiera mal.

Lupercio   No dio fuego.

Cortesano   No fue acierto
Acompañalde.

Lupercio   Vusía,
venga.

Juan   Es injusta porfía.

Cortesano   Todavía está indispuesto.

(Vanse los cortesanos.)

Gonzalo   Deja que te sirva el plato
de señoría, o al viento
de tanto vanillo hambriento
se las demos de barato;
    y aún no será gran licencia
el ponerte otra demanda,
que en la boca se me anda

como diente la excelencia.
    El mudo secreto, achaque
de amor, el silencio y queja
de los motes se lo deja
al pulido badulaque.
    Habla, y nada ya te asombre:
Todo es temporalidad
que busca toda beldad.
La conveniencia y no el hombre,
    gran señor...

Juan   ¡Quita, enfadoso!

Gonzalo   ¡Qué terribles asperezas
temprano a tener empiezas!
¡Necedades de dichoso!
    Ya que eres valido aquí,
solo a pedirte me obligo,
que seas bueno contigo,
mas no cuerdo contra mí.

Juan   Déjame solo.

Gonzalo   En efecto,
soledad y lengua muda
en todo. él quiere, sin duda,
privar también en secreto.

(Vase.)

Juan   Agora sí, que he llegado
a lo más de mis desdichas;
que hube menester las dichas
para ser más desdichado.

O nunca me hubiera hallado
la Fortuna a ser espanto
de nuevo tormento y llanto
o nunca valido fuera,
porque menester no hubiera
callar más que callar tanto.
    Pudiera ser que algún día
mi desesperado amor,
con el ardiente furor
dijera la pena mía.
Pero si esta lozanía
se atreviese —¡ay dueño hermoso!—
mi amor me dirá quejoso
que decillo aún mi semblante,
más que locura de amante
es licencia de dichoso.
    Ya teme, ya, mi locura
que mi amor querrá violento,
tener el atrevimiento
de una insolente ventura.
En tan gloriosa hermosura,
líneas soberanas toco;
mas en vano mi amor loco,
ni a mirarse ha de atrever,
porque sabré yo tener
dichas que presuman poco.
    Ya no hay esperanza alguna
de hablar, que, pues mi dolor
no osó decille mi amor,
no ha de osallo mi fortuna;
[¡tan desdichada e importuna!].
Segura, señora, estás;
ya Elvira, no oirás jamás
esta pena con quien lucho;

que es bien, si amor callo mucho,
que el respeto calle más.

(Vase salgan doña Elvira de Aragón y doña Aldonza de Urrea.)

Aldonza   Aunque mis voces no escuchas,
lo he de saber. ¿Qué te espantas?,
que son tus tristezas tantas,
que aun te sobran para muchas.
    ¿Qué sientes, prima? ¿Qué tienes
que en amistades iguales
ni el dolor niega los males
ni el gusto calla los bienes?
    ¡Ea, no me niegues, no,
tu mal! No estés mesurada,
mas, si no me dices nada,
dirételo todo yo.
    Aunque sé que no es en vano,
bella Elvira de Aragón,
tu tristeza en la prisión
del conde de Urgel, tu hermano,
    novedad agora siento
en la suerte del dolor,
que hace misterio mayor
el modo que el sentimiento.
    Allí le enseñó tu llanto,
y aquí tu dolor le encubres;
y aunque menos se descubre,
dice más callarle tanto.
    Penas, suspiras y enojos
tan sufridos, tan discretos,
que para estar más secretos,
aun callan hasta en los ojos.
No es pena vulgar, Elvira,

que en silencios que hacen fe,
lo que se esconde se ve
aun más que lo que se mira.

Elvira   ¿Qué busca tanto aparato
de palabras? ¡Raro intento!
Lo que calla un sentimiento
preguntárselo a un recato.
  Si es que tu piedad pretende
saber y que yo lo diga
esta callada fatiga,
ésa es caridad que ofende.
  Querer informarse de ella,
intentar averigualla,
no más de porque se calla,
bien merece no sabella.
  Si está tu dolor atento
al mío, y sentirle quiere,
conque sientas el que fuere,
no hay que saber el que siento.
  Deja; no preguntes nada
(que esta pena al alma asida
yo la sufriera entendida,
y no puedo imaginada)
  de mi mal, no entiendo el modo,
porque es la melancolía
molestia bachillería.
No está en nada, y piensa en todo.
  Yo misma me ignoro aquí.
Déjame sola un momento
que el mal que piensas que siento,
le quiero saber de mí.

Aldonza   Elvira, negando una,

Marginal stage directions:
(Aparte.)

das mil respuestas ociosas,
que me has dicho muchas cosas
para no decir ninguna.
Sola te dejo; que yo
tu accidente no la dudo;
que el amor puede estar mudo,
mas lo enmudecido, no.

(Vase.)

Elvira   Agora, corazón mío,
solo con vos hablar quiero
en mal tan fiero;
que a mí propia aun no me fío
la desdicha de que muero:
    Ver entre suerte tan dura
el nombre de Urgel perdido
y ofendido,
el alma dejo segura,
y entero dejo el sentido;
    pero el mal que agora siento
en tempestuosa avenida,
llevaba asida
la memoria, el pensamiento,
el sentido, el alma y vida.
Yo adoro a un hombre, ¡qué injusto!
—por no más que su opinión.
¡Ay corazón!
¡Mucha razón tendrá el gusto,
mas ninguna la razón!
    ¡Ay, dulce pena escondida!
¿Yo, loca? ¿Yo enamorada?
¿Yo, agraviada?
¿Yo, en certezas de perdida

y en dudas de ser amada?
¡Cielos, dejad que me asombre
[aún mi virtud recatada]
[en ser callada]!
Que aun no le bastará a un hombre
[verme amada o humillada].
    ¿Yo, querer, ¡ay, cielo esquivo!,
a don Juan, cuando no espero
en lo que quiero
ni aprovechar lo que vivo,
ni aprovechar lo que muero?
  ¡Qué desdicha! ¡Qué rigor!
Que no solo en el desdén
de querer bien
debo callar el amor,
sino en la culpa también.
    En pasión tan lisonjera,
bien sufriera en cuanto siente
a mi accidente,
que decirse no pudiera,
si pudiera ser decente.
    Que este amor, en que cruel,
el respeto me perdí,
no solo aquí
debo callársele a él,
sino escondelle de mí.
  ¡Baste, baste, que yo muera!
¡Vengue, vengue en mí, enemiga,
suerte fiera
a lo fácil que le quiera,
lo imposible que lo diga!
    Sea el silencio fiel
a cuánto siento y no digo;
y sea el castigo

que ya que muero por él,
que todo muera conmigo.

(Sale un Criado.)

Criado   Señora, alegre y contento
tu tío... ¿No estás en ti,
ni en lo que digo?

Elvira   ¡Ay de mí!
Solo estoy en lo que siento.
Que espera... Llegue mi tío.

(Sale Don Blasco.)

Blasco   Sobrina mía, señora,
nunca alegre como agora,
ni con tanto gusto mío,
   he llegado a verte. Dame
los brazos.

Elvira   Tío y señor:
¿Hate hecho el rey el favor
que esperaban?

Blasco   No se llame
   favor solo, «merced» sí,
que me manda retirar
a mi casa a descansar
y a despedirme de ti.
   Vengo con nueva alegría,
pues, cuánto —aunque al Sol lo iguale—
puede dar un rey, no vale
solo el descanso de un día.

Elvira   ¿Esa merced te ha hecho a ti

Blasco   ¿Qué mayor, si a darme viene
lo que él para sí no tiene?

Elvira   ¿Y el despedirte de mí,
el retirarte a tu estado?

Blasco   De la corte no saldré,
que lo que importa es que esté
el ánimo retirado:
   que de la ambición sedienta
de palacio y su congoja,
él que de nada se enoja,
huye más que él que se aumenta.

Elvira   Cuando el oficio mayor
te debe el rey, ¿te retira?
¡Qué indigno príncipe!

Blasco   Elvira,
él le ha empleado mejor;
   que justamente ha elegido
a un caballero excelente,
tan bizarro, tan valiente,
tan cortés, tan entendido,
que en opinión generosa
nadie en el reino le iguala.

Elvira   ¿Y quién es?

Blasco   Don Juan de Ayala.

Elvira   ¡Ay de mí!

Blasco   ¡Que cierta cosa
sentir como aragonesa
que un forastero haya sido
a todos el preferido!
Pésame de que te pesa.

Elvira   ¿Y es muy grande su privanza?
[Aparte.]   (¡Oh, nunca llegara a ella!)

Blasco   Tanto, que el rey cumple en ella
con su gloriosa esperanza.

Elvira   Tío, los esfuerzos deja
que traes con dudosa furia,
si muy desnuda la injuria,
muy envainada la queja.
    ¿Faltaba un aragonés
que ese puesto mereciese?
¿Qué importa que don Juan fuese
bizarro, noble y cortés
    para...

Blasco   Sobrina, ¡eso no!
Las damas culpar el traje,
el chiste, el garbo, el lenguaje;
mas las acciones, ¡ni aun yo!
Don Juan en todo es perfeto
y en culpar lo que hace un rey,
si no parte de la ley,
peligra todo el respeto.
    Adiós, Elvira.

Elvira   Él te guarde.

Blasco   ¡Qué fina es mi sobrina!
Porque mi ofensa imagina,
le cansa el don Juan.

(Vase Don Blasco.)

Elvira   ¡Cobarde!
Corazón, volved atrás,
y si mi amor en mi llanto
por mí le callases tanto,
por don Juan calla el de más.
No me embarazo, ¡Jamás!
Conque don Juan mayor sea;
pero sí, conque se vea
que por serlo ha de atendelle,
y atreviéndome a querelle
no me atrevo a que él lo crea.
¡Don Juan valido, y yo amante!
Corazón, callad agora
mejor, y seldo en buen hora
todo, si no es negociante.
No os vea atento un instante,
quien fino siempre os miró.
¡Muera cien mil veces yo,
parezca mi amor locura,
pena, rabia y desventura;
pero conveniencia, no!
Cuánto se padece y siente
en un amor ostinado,
dé pasos de desdichado,
pero no de pretendiente;
no puede amar altamente

la hermosura generosa,
que a todo vive imperiosa.
Presuman pues, las más bellas,
que están bajas las estrellas
a la razón de una hermosa.
   Si ha de amar bizarro un gusto,
más digno es de un gran cuidado
mostrarse desatinado,
que no que piensen que es justo.
Al amor más que lo injusto
una advertencia le culpa.
[No es desatinada culpa]
del alma un noble destino;
de amar en el desatino
solamente se disculpa.
   Voluntad, más ciego el ñudo,
¡morid, callad!; que a mi amor,
si no pudiera mi honor,
el mismo le hiciera mudo.
La fe que tenerse pudo,
¡ya cielos!; no es para dicha.
No piense la nueva dicha
de don Juan que es engañalle:
que puede haber para amalle
más razón que mi desdicha.

(Sale Don Juan.)

Juan   Si antes decir mi tormento
lo llamo yo osadía;
ya piensa la suerte mía
que es pensallo atrevimiento;
   que han resuelto mis enojos
en tan felices agravios,

que pasen también los labios
todo el silencio a los ojos.

(Retírese Don Juan como que está medroso.)

[Aparte.]   (Pero, ¿qué veo?)

Elvira [Aparte.]   (¿Qué miro?)

Juan [Aparte.]   (Ojos, no habéis de atreveros!)

Elvira [Aparte.]   (¡Qué principios tan severos!)

Juan [Aparte.]   (¡Qué sequedad!)

Elvira [Aparte.]   (¡Qué retiro!)

Juan [Aparte.]   (¡Qué altivez tan merecida!)

Elvira [Aparte.]   (¡Qué encogimiento tan vano!)

Juan [Aparte.]   (¡Qué ceño tan soberano!)

Elvira [Aparte.]   (¡Qué gracia tan presumida!)

Juan [Aparte.]   (¡Qué desdén tan celestial!)

Elvira [Aparte.]   (¡Qué asustado está, y qué huyendo!
Sin duda que está temiendo
que he de dalle un memorial.
    Aún con la vista despide.
Si un desatinado amor
le fuera a hacer un favor,
pensara que se le pide.)

Juan [Aparte.]   (Aun es diligencia osada;
                                  que vella mi amor procure.)

Elvira   El ministro se asegure
                                  que no le han de hablar en nada.

Juan [Aparte.]   (Mi temor aún dificulta
                                  que en presencia suya espere.)

Elvira   Gran cosa, el hombre no quiere
                                  dejarse ver sin consulta.

(Hace Don Juan reverencia con los ojos muy bajos.)

Juan   Parece grande ignorancia
                                  el no hacer cortesía;
                                  pues sufre esta cercanía
                                  tan infinita distancia.

Elvira   ¡Qué forzada reverencia
[Aparte.]   sin mirar! (Velle no quiero;
                                  que aquí, de este caballero,
                                  ni aun los ojos dan audiencia.)

(Vase.)

Juan   ¡Que huyendo va! Si la vio
                                  mi amor severa y altiva,
                                  ingrata, cruel y esquiva.
                                  Aun más la esperaba yo.
                                  ¡Cielos!

(Sale Gonzalo muy aprisa.)

Gonzalo   ¡Oh amo! Temerario,
                esquivo, crudo y severo
                ni sufrirme consejero
                ni quererme secretario;
                   ya sé quién es la metressa.
                Y albricias le pediré
                de este amor, y que se ve
                tantico de ser condesa.
                   Del rey al mismo aposento
                me he zampado, que me place
                que lo entremetido face
                necedad, más no escarmiento.
                   Si intentare algún menguado
                despejarme, le diré
                que no hay para qué, porque
                yo me soy muy despejado.
                   Mas quedo, que me hace gente
                la reverencia cuitada;
                que en palacio —y esto es nada—
                hasta con los pies se miente.
                   Quiero ministrarme ya
                y al negociante.

(Va muy mesurado y topa con su amo y túrbase mucho.)

Juan   ¿Hasta aquí
                te has entrado? ¿Estás en ti?

Gonzalo   Y aun iba a entrar más allá.

Juan   Donde está el rey, muy despacio
                te entremetes.

Gonzalo   ¡Menos guerra!
Que he sido chisme en mi tierra
y puedo entrar en palacio;
   que se me debe por ley
hallarme en todo y entrar
y salir y aconsejar
cara a cara, a todo el rey.
   Esto es lo que siempre ha sido
y otro casi tú; soy yo,
y si tu criado no,
válgame lo entremetido.

Juan   ¡Gonzalo!

Gonzalo   ¿Todo te enfada?

Juan   ¡Escondéos hasta en el nombre!
Gonzalo, ved que soy hombre
que a mí no me sufro nada.
   ¡Yo insolente para vos?
¡yo, que aún nunca lo he de ser
para mí?

Gonzalo   No es menester:
Yo basto para los dos.

Juan   No hay burlas. Si tenéis brío
de mi criado, tan presto
en lo encogido y modesto
podréis parecerlo mío.
   Mi norte es el que os enseño
si en él y esta religión
queréis seguirme. Éstos son
los pasos de vuestro dueño.

Gonzalo

¡Cuerpo de Dios! Con el norte
y su observancia importuna
[seré guía lacayuna]
y cartujo de la corte.
    Pesia con tanto preceto
Lo honrado es harto pesado;
no le añades lo discreto.
    De tus criados, en fin,
creyeron mis esperanzas,
que para tus confianzas
escogieras el más ruín;
    y por Dios, que es caso recio
que solo me haya tocado
de tus penas lo cuitado
y de tus dichas lo necio.
    Yo no me meto contigo
y harto, ¡pesie a Bercebú!,
harás en ser bueno tú
sin que lo acabes conmigo.
    Ya que la suerte me toca,
malvado me deja ser,
que por mí no ha de perder
su pedacito de loca;
    que cosas pendiendo están
de que yo sea bueno o malo.

Juan

Lo dicho, dicho, Gonzalo.

Gonzalo

Lo dicho, dicho, don Juan.

(Vase sale el Rey.)

Rey

Don Juan, muy gran soledad

me has hecho, y quiere mi amor
que aún primero que favor
que lo creas voluntad.
    Cuanta gracia un criado alcanza
de su rey, duda ha de ser
mientras no se llega a ver
amistad y confianza.
    Estos dos muros tendrás
que te defiendan de cuantos
riesgos te pongo, que en tantos,
el más bueno tendrá más.
    Preceptos no quiero darte
ni confundirte en sus nombres,
que es de contentar a los hombres
largo y difícil el arte;
    pero tomad de memoria
éste solo. Atento estad,
que se arma en esta verdad
vuestro crédito y mi gloria:
    Gobernar consiste en modo
unir pueblo, rey y Dios,
nada por vos, y con vos
y conmigo sello todo.

(Échale el Rey los brazos y Don Juan se arrodilla.)

Juan   Que te bese los pies deja;
que si un príncipe enriquece
cuando premia y favorece
mucho más cuando aconseja.
    En el acierto no arguyo
y obedecerte prometo;
que se acredita el preceto
más que en ser bueno, en ser tuyo.

Ya que a tu gracia he llegado,
señor, preguntarte quiero,
¿por qué a tan gran caballero
y vasallo tan honrado
    como a don Blasco le dejas
sin premio, y sufrirte puedes
que a vista de otras mercedes
den justas voces sus quejas?
    Que aunque ninguna le he oído,
a tu grandeza conviene
que le quites la que tiene
y pagues las que ha tenido.

Rey   Dadme esos brazos y advierte
que a don Blasco de Alagón
le dejé con atención
de hacer merced.

Juan   ¿De qué suerte?

Rey   Como resuelto tenía
de eligirte por valido,
guardar para ti he querido,
más que para gloria mía
    esta ación, viendo en sus quejas,
que son con términos sabios,
aciertos, y desagravios
todos los que me aconsejas;
    que en el pueblo es bien que andes
tan acreditado y cuerdo,
que vean que por tu acuerdo
premio servicios tan grandes.

Juan   Por don Blasco y más por mí

te beso la mano.

Rey   En todo
te encargo don Juan, el modo
y atiéndame agora.

Juan   Di.

Rey   Don Juan, las fortunas grandes
y los pocos años vemos
que entre licencias peligran
y zozobran en si mesmos.
Yo, de todo recatado
con prevención cuerda he puesto
prisiones a mis sentidos,
y leyes a mis deseos.
Mas para andar de buen aire
la gorra y el pensamiento,
corteses, nobles cuidados
son almas de ociosos cuerpos.
Mientras atado no vivo
a los ilustres preceptos
del matrimonio, y se miran
en ocio sus lazos bellos,
pensemos un generoso,
bizarro divertimiento
que merezca mis cuidados
[Aparte.]   (más míos los más secretos).
En Zaragoza discurre
por sus lucidos sujetos,
en quién más belleza sea
lo hermoso, que no lo nuevo.
Refieres las que conoces;
que un galante forastero

es natural de sí mismo,
y todo es patria a un discreto.
No hay cosa que no te fíe;
que no saben andar lejos
lo sazonado del gusto
de lo sabio en el consejo.

Juan   Señor, los príncipes grandes,
que al mundo tienen atento,
primero que con la ley,
gobiernan con el ejemplo.
Mozo y por casar no admiro
lo que piensas; mas te ruego
que en templada bizarría
que sea gala y no empeño.
Y seguro que tus pasos
no han de salir de modestos,
y que es ocio y no peligro,
mis obediencias te ofrezco.

Rey   Yo voy seguro en mí mismo.
Empieza don Juan; que el celo
basta que adviertas, y en todo
lo más templado es más bueno.

Juan   Doña Violante de Luna
es muy hermosa.

Rey   Y lo creo
porque la celebran todos.

Juan   Y es del mismo lucimiento
doña Blanca de Bolea.

Rey

        De su atinado despejo
publica mucho la fama.

Juan

        También tiene igual conceto
de doña Inés de la Nuza.

Rey

        Dices bien, que oigo lo mesmo.

Juan

        Doña Beatriz de Pomar
es muy bizarra, y no es menos
doña Isabel de Gurrea.

Rey

        Son las dos muchos extremos.

Juan

        Doña Vicencia de Funes
tiene nombre en todo el reino
y doña Ángela de Heredia
tiene el mismo.

Rey

        Aún es pequeño
a sus méritos el nombre.

Juan

        La que más celebra el pueblo
es doña Leonor de Hijar.

Rey

        Y la sangre ayuda a ello.

Juan

        Si te parecen bien todas,
muy embarazado temo
tu gusto.

Rey

        Pues, no lo temas;
que nunca muchas hicieron
gran batería en un alma;

que la guerra y el estruendo
sola es una; que una sola
hace, don Juan, todo el miedo.
Ninguna de las que has dicho
es la que busco. Mas debo,
generoso, altivo y grave,
como rey y caballero,
lucillas y honrallas todas
que han de estar, y ansí lo ofrezco:
una sola en el cuidado,
y todas en el respeto.
Mas advierte que he advertido
que en el alarde que has hecho
de tanto escuadrón hermoso,
olvidaste lo más bello.

Juan   ¿Quién señor?

Rey   A doña Elvira
de Aragón.

Juan   ¡Ay, santos cielos
señor! Deje de nombralla
por dos cosas.

Rey   Dilas presto.

Juan   Porque es doña Elvira hermana
del conde.

Rey   No hables en ello;
que a la hermosura no pasa
la ira, y de aquel mancebo
castigó mi padre tantos

desvanecidos intentos.
Di la otra causa.

Juan   Es la otra,
perdóneme si te ofendo:
que vive en palacio Elvira,
y está en el mismo aposento
de tus hermanas, Alfonso.
¡Gran sagrado en cualquier tiempo!

Rey   Dices bien; mas considera
que el decoro con que pienso
amar, y el recato solo
vive en palacio; y te advierto:
que si esto ha de ser cuidado,
no sufriera menor dueño
el alma, ni el albedrío
menos soberano incendio.

Juan   Decíd, que es elección tuya;
es solo encarecimiento
de tu grandeza; mas dime,
si a amalla estabas resuelto,
¿para qué tan vulgarmente
te informabas?

Rey   Ya te entiendo.
Pensé que nombrando a Elvira
la primera, con tu acierto,
mayor fuera el mío. Escucha
hasta para los defectos
como para las virtudes:
siempre el mayor consejero
es el mejor, porque honrado

sabrá, prevenido y cuerdo,
encubrillo como culpa
y apartallo como riesgo;
y puesta en un hombre bajo
una confidencia, haciendo
ostentación de ella misma
y aun granjería soberbio,
ni asiste a la confianza
ni él se cabe en el secreto.
Tú mismo has de ser, tú mismo,
por cuya mano este intento
seguro ha de gobernarse;
que no puede hacer misterio
que tú y Elvira habléis juntos;
que estando su hermano preso
te ha de hablar, y fío de ti,
que gustoso, altivo y diestro,
sabrás referir mis partes,
sabrás pintar mis afectos,
decir mis estimaciones,
y ostentar mis pensamientos.

Juan   Señor, no puedo.

Rey   ¿Qué dices?

Juan   Digo, señor, que no puedo.

(Enójase el Rey.)

Rey   ¿Cómo no puedes? ¡Qué extraña
respuesta! ¡Dime al momento!:
¿Por qué razón? ¿Por qué causa?
¡Dílo al punto! ¡Dilo luego!

¡Di al instante! ¡Di mil veces
por qué!

Juan
                  Porque yo la quiero.
A prisa y claro lo digo,
y mil veces no lo niego.

Rey
     ¿Tú la quieres?

Juan
                      Yo la adoro.

Rey
    Luego, ¿con ese pretexto
callaste el nombre entre tantos
y con honrosos rodeos?

Juan
    No, señor.

Rey
                Pues, ¿qué disculpa
puedes dar?

Juan
                 Que fuera necio
en proponer lo que amaba
a un rey ni a un hombre; y queriendo
fiallo tú de mi mano,
fuera traidor con efecto
si la verdad te callara;
que no hay peligro tan fiero,
ni tan desdichado trance,
ni tan infeliz suceso
porque yo a mi rey mintiera;
que heredé de mis agüelos
ser leal sin esperanzas
y decir verdad sin miedos.

Rey   ¿Y en qué estado, don Juan, tienes
tu amor?

Juan   En el más perfecto
y más seguro.

Rey   ¿Seguro?

Juan   Y tanto que este deseo
no le sabe doña Elvira.

Rey   ¿Tu amor no sabe?

Juan   Ni debo,
con haber tiempo tan largo
que a tan dulces penas muero.
Una diligencia sola,
ni a la voz ni al sentimiento...

Rey   Si un amor cortés, don Juan,
es agravio lisonjero,
¿por qué le has callado a Elvira?

Juan   Porque un pobre y de honor lleno,
si pudiera, aun se negara
a las noticias del cielo;
que si bien lo altivo y noble
de un alma en los mismos senos
de la miseria tremola,
generosos ardimientos
en una vida oprimida
de su grave e indigno peso,
luces que el valor descubre,
se llaman atrevimientos.

Rey   Si por desvalido y pobre
callaste ya, ya muy presto
estarás en declararte,
pues en mi gracia, el primero
te hallas.

Juan   No, no lo digas;
que en nada he pensado menos;
que si antes hice animoso
valor, gentileza esfuerzo
de callar, agora, agora
escondido, mudo y ciego
hacer intento, callando,
religión del rendimiento,
clausura de la memoria
y obstinación del silencio.
Sin amor tan puro y firme,
decille no merecieron
almas, vidas, penas, glorias,
males, gemidos, tormentos,
ansias, finezas, verdades,
suspiros y amores tiernos,
¿cómo ha de atreverse? ¿Cómo
a decillo el falso viento
de una dicha, el rumor vano
de una ventura, el deshacello
de una suerte? Que soy hombre
de tan presumido aliento
que solo entrara en las dichas
para hallarlas tan modesto,
que a mis pies triunfaran todas;
y agora en el duro encuentro
de tu amor en mi amor loco

para callarle muriendo.
A ser posible, a ser fácil
entre uno y otro respeto,
faltar al que un rey me pone,
sobrara el que a Elvira tengo.

Rey   Si estás resuelto a callarlo,
poco harás por mi, y hoy llego,
don Juan, a fiarte más
que mi corona, pues, dejo
en tus manos toda el alma.
Mira por ella, advirtiendo
que mi atención, tú, y Elvira,
todo está junto en mi pecho.

Juan   Antes que nada te ofrezca...
...te pregunto...

Rey   Ya lo espero...

Juan   ...¿qué obligación a su rey tiene
un vasallo?

Rey   Aunque exceso
es preguntar lo que sabes,
vuelve otra vez a sabello:
Es obligación serville
con la verdad, con el celo,
con el amor, con el gusto,
con la fe, con el consejo,
con la hacienda, y con la vida.

Juan   Pero no hay ley, ni hay preceto
ni hay justicia, ni hay costumbre,

ni hay lisonja, ni hay ejemplo
que diga que con el alma.

Rey

Las delgadezas dejemos:
Que el alma del gusto es alma
que se queda con el cuerpo.
Esto quiero yo, esto mando,
esto digo, esto resuelvo,
y esto ha de ser.

Juan

¿Que, en fin, quieres
que yo sea?

Rey

Ha de ser esto.

Juan

Si ha de ser, sea, y yo muera:
que ya... que ya... por lo menos,
no podrá ser con el alma,
que aun hasta el alma me ha muerto.

Fin de la primera jornada

Jornada segunda

(Sale Doña Aldonza y Gonzalo, y él, puesta la mano en los labios con mucha hazañería y mirando a una parte y a otra.)

Gonzalo   ¿Señora?

Aldonza   ¿Hay recato igual?

Gonzalo   Mira, que eres mujer noble
y que está hecha la doble
del secreto natural
    en él. Te lo dije; y mira
otra vez que declararse
la verdad que ha de callarse
tiene culpa de mentira.
    Las verdades su costumbre
pierden, en tal novedad,
que te he dicho una verdad
y ninguna pesadumbre.

Aldonza   Yo callaré; pierde el susto;
y a decillo otra vez prueba
que tan agradable nueva
aun no cabe en todo el gusto.
    Dime mil veces, amigo,
esta dicha toda mía,
que aunque excedo en la alegría,
yo la disculpo conmigo.

Gonzalo   El caballero, en efecto,
ya que no es comparación,
[tiene que hablar con razón
y así en mí no es defecto]:

  Un obispo —y no muy lego—
advirtiendo que se hallaba
mucha gente que ignoraba
las cuatro oraciones, luego
  con graves excomuniones,
dio por incurso a cualquiera
que de ocho años no supiera
todas las cuatro oraciones.
  Publicado este rigor
entre los que tan severa
doctrina ignoraban, era
el señor Corregidor.
  Compró una cartilla el hombre,
y con afán cada día
el Padrenuestro aprendía.
Llegó acaso un gentil hombre,
  y viéndole tan suspenso,
le dijo: «¿Qué hace, vusté,
seor Corregidor?» —«No sé,
por Dios, que es trabajo inmenso
  estudiar de tantos modos;
que ha dado con mil extremos
el seor obispo en que habemos
de ser teólogos todos.»

Aldonza   Muy bien aplicado ha estado,
aunque largo, el cuentecillo.

Gonzalo   Pues, nótome el cabestrillo;
yo soy el mal aplicado.

Aldonza   ¿Tan nuevo precepto admita
no tomar?

Gonzalo

     ¡Qué lindo empleo
mentir! Pagado lo veo.
¡Cierto es que dije mentira!

Aldonza

     Muy honrado mentecato
eres.

Gonzalo

     Pagarme procura
callando, y ten a ventura
hallar necio tan barato.
     Y adiós, que vienen. Con pena
voy de no habella agarrado.

(Vase Gonzalo.)

Aldonza

     ¿Hay suceso tan gustoso?
Pues no cuesta demasía;
no es inmodesta alegría
holgarme con lo dichoso.

(Sale Elvira.)

Elvira

     No puedo apartar de mí
aquel altivo semblante.
¡Qué hombre aquél! ¡Mal ser amante
quien se guarda tanto en sí!
     ¡Qué elevación! ¡Qué mesura!
¡Qué vanidad, y qué espanto!,
que aún entendimiento tanto
le embarace una ventura!

Aldonza

     Ya muero por ver logradas
de don Juan tantas ternezas,
que en ser mayores finezas,

querrán cobrarlo calladas.
   Elvira, ¿no se me ve
que estoy contenta?

Elvira

                    No había
advertido en tu alegría.

Aldonza

   Tengo infinito de qué,
y aunque somos tan amigas...

Elvira

   Muy prevenida te espero,
que ni preguntallo quiero,
ni quiero que me lo digas.
   Y tanto, amiga, con ella,
embarazada te hallamos,
que plegue a Dios que podamos
defendernos de sabella.

(Sale una Criada.)

Criada

   ¡Señora! ¡Señora!

Elvira

             ¿Juana?
¡Qué prisa traes! ¡Qué furor!

Criada

   El camarero mayor
del rey...

Elvira

        ¡Qué necia! ¡Qué vana!
   ¿Lo acompañado te admira
de un hombre y lo guarnecido
de los tratos de valido,
lisonja, engaño y mentira?
   Va por la calle muy vano,

muy presumido de eterno.
Todo es caudal del invierno.
Deja que llegue el verano.

Aldonza
      Don Juan de Ayala no es hombre
que del aplauso se engaña,
porque solo se acompaña
de lo grande de su nombre.

Elvira
      ¡Muy a tu cargo has tomado
el defender a don Juan!

Criada
      Locas entrambas están;
que ninguna ha reparado
      que está aquí don Juan de Ayala.
Don Juan de Ayala, señora,
espera en la puerta agora.

Aldonza
      ¿Qué dicha a mi dicha iguala?

Elvira
      ¿Don Juan de Ayala? ¡Con susto
oigo el nombre! ¿A qué vendrá?

Criada
      De parte del rey será.

Elvira
      No ser nada de gusto.

Criada
      Buena nueva te promete,
que siempre la da el privado,
y se guarda lo penado
a embajador de bonete.

Aldonza
      Hazle entrar; no se detenga.

Elvira   Yo no sé a qué viene aquí.

Aldonza   Si no lo sabes, yo sí;
                          y mil veces don Juan venga.

Elvira   ¿Tú sabes a lo que viene?

Aldonza   Sélo, y sélo de manera.

Elvira   Ya es querer —icielos!—, que muera
                          de nuevo mal.

Aldonza   Di que tiene
                          licencia y aun libertad
                          de entrar en todo.

Criada   Yo voy.

Elvira [Aparte.]   (iOh, qué bajamente estoy
                          temiendo!)

Aldonza [Aparte.]   (Mi voluntad,
                          iqué buen empleo te di!)

(Sale Don Juan.)

Juan [Aparte.]   (Pasos de mis desvaríos,
                          ya, ya parecéis más míos,
                          que todos sois contra mí.
                            iEn qué trance que se halla!
                          iCuánto afán mi pecho encierra:
                          que es mía toda la guerra,
                          y para otro la batalla!)

Don Juan les hace reverencia, y ellas a él.

Aldonza [Aparte.]   (¡Oh, si nos dejase Elvira!)

Elvira [Aparte.]   (Todo agravia a mi memoria.)

Juan [Aparte.]   (Todo es muerte y es vitoria,
cuanto huye y cuanto mira.)

(Hace que se va ella.)

Aldonza   ¿Te vas, prima?

Elvira [Aparte.]   (No se van
las penas que a tener vengo.)
Si ningún negocio tengo
yo con el señor don Juan,
     ¿qué he de hacer aquí?

Juan   Esperad,
señora, que os busco a vos.

Aldonza [Aparte.]   (Esto no previne, ¡ay Dios!
¡Qué cobarde voluntad!
  ¡Valerse de Elvira quiere,
para que me hable por él!
¡Qué injusto miedo es en él
lo que calla y lo que muere!
   Quiero dejallos aquí.)
¿Elvira, prima?

Elvira   ¿Qué quieres?

Aldonza   Si confialle quisieres,

también se lo ofrece en mí.

(Vase Aldonza, sale el Rey al paño.)

Elvira   (¿Hay confusión semejante?)

Rey [Aparte.]   (Salgo a obedecer la ley.
                          Perdone esta vez lo rey,
                          que he de cumplir con lo amante.
                             No es acción digna de mí,
                          de la sangre y de la fe
                          desconfiar; más pues amé;
                          a más cosas me rendí.
                             ¡Qué atentos los dos están!
                          Uno mata, y otro admira.)

Juan [Aparte.]   (Ya no hay que morir, Elvira.)

Elvira [Aparte.]   (Ya no hay que vivir, don Juan.)

Juan   Bellísima y generosa,
                          clara Elvira, en quien se ven
                          las grandezas de Aragón
                          y los blasones de Urgel;
                          el rey, que Dios guarde, Alfonso
                          el grande, el invicto, a quien
                          las gloriosas partes de hombre
                          se las envidia lo rey;
                          este esclarecido y bello
                          mancebo en quién duda es
                          o más reinos en su mano,
                          o más triunfos en su pie;
                          cuyo valor tiembla Italia,
                          cuyo imperio será en él

adquirido por justicia,
si ofrecido por merced;
cuya temprana prudencia
[reina] en el pueblo fiel;
más fuerte es en el amor
las coyundas que en la ley;
cuya diestra, cuando lidia
la bruta erizada piel,
todo lo marcial describe
un rasgo de lo montés;
cuya gala, cuando al rayo
andaluz sale a correr,
todo el buen aire le infunde
al céfiro cordobés;
cuyo ingenio soberano,
César nuevo puede hacer
entre su espada y su pluma,
verde batalla el laurel;
cuyas altas perfecciones,
medidas ninguna vez
en deudas copia la pluma,
y en injurias el pincel.
El rey, en fin, que este nombre
lo llena todo, por quién
debemos a la experiencia
cuánto se creyó a la fe;
en medio de tan severos
cuidados que pueden ser
de suelo y blasón romano
tanto augusto aragonés,
aquel espíritu ilustre,
que tan superior se ve,
que en todo, y más en sí mismo,
es deidad, es hombre, es rey.

Ya rendido al grave imperio
de tus ojos, quiere en él
batir el alto estandarte
de su albedrío a tus pies.
Sabio, fuerte, insigne, y cuanto
es dentro en sí mismo, en que
los Alejandros y Aquiles
gimieran envidias de él.
Todo mayor lo acredita
en tus victorias, que en vez
de tremolar en su amor
las iras de tu desdén,
en debidas atenciones,
amante verás crecer
a los milagros de hermosa,
las beldades de cortés.
Un amor decente y justo,
muy bien puede merecer
ingratitud, mas no queja;
que hay poco de mucha ley.
De la beldad imperiosa,
la soberana altivez,
que armas hace de lo injusto
y glorias de lo cruel,
negalle el agrado puede
a un afecto en el querer,
pero no quitalle el premio
de morir y elegir bien.
Elvira, Alfonso requiere
dos lisonjas: —Puedes ver
de méritos—. Una en ti,
—y de aciertos—, otra en él.
Cuánta hermosura contiene
la dulcísima esquivez

de tu semblante, que al cielo
es envidia y copia fue;
cuanta belleza produce
tu flamante rosicler,
que en tu cara nievan flores
las auroras de la tez;
cuanto es en ajeno mayo,
luciente blasón de un mes,
y en tus labios no se paga
de eternidad un clavel;
cuantos en tus divinos ojos
sabe enlazar, sabe arder,
rasgos de Sol, el incendio,
lazos de estrellas, la red;
en fin, cuantas perfecciones
en ti floridas ves,
pleiteando o excediendo
lo deidad o lo mujer,
no te acreditan de hermosa
igualmente que el tener
de Alfonso el alma; que él solo
supiera elegir también.
Cuantas grandezas escucha
tu admiración de este, pues,
fénix real, que lo debe
más al vivir que al nacer;
cuanto en valor, en ingenio,
en virtud, en gloria, y en
aplauso le atiende el mundo,
arbitrio glorioso de él,
no le da estimación tanta
como amar y padecer
en tu amor, que más lucido
que por sí reina por él.

La majestad, la grandeza,
la fortuna, que tal vez
hace atrevida la dicha,
y hace grosero el poder,
para triunfo y premio tuyo
lo guarda, y quiere que estén
obedientes sus finezas
a las leyes que les des.
Elvira, el rey es rey grande,
y lo sabe parecer.
Tanto que en hombre, le sobra
la majestad al papel:
verdad, secreto, decencia,
glorias suyas todas tres.
Sufrir, adorar, sentir,
obligar y padecer;
todo es seguro en su amor;
todo es fácil en su fe;
todo lo ofrece primero,
[Aparte.]   (y que muera yo después).

Elvira   ¿Ha dicho el señor don Juan?

Juan   Y no queda más.

Elvira   Esté
atento; que a mí infinito
me queda que responder.
Cuando escuché el grande estruendo
y el prevenido tropel
de hazañas y de grandezas,
tan dignas de tan gran rey,
creí que el señor don Juan
le venía a proponer

una nueva guerra al turco,
o vieja liga al francés;
que a proponerse galán,
basta un caballero, en quien
la sangre, y no la fortuna
hable y merezca por él.
¿Bien parece que aun no llega
vueseñoría a saber
que fue el infante don Jaime
mi agüelo y también que fue
mi hermano el competidor
de este reino, y que es en él

mi nombre? (¡Oh, vil caballero!)

Juan   Todo, señora, lo sé.

Elvira   Pues si lo sabéis, don Juan,
y juntamente sabéis
que el rey se casa en Castilla,
decidme, ¿cómo, por qué,
Tratándole hallar marido,
galán me le proponéis?
¿Quedóle al rey otra injuria
que imaginar o que hacer
a la casa de mi padre,
y al nombre ilustre de Urgel?
¿Yo, amores del rey? ¿Yo dama?
¿Yo, permitir, yo atender
a cuidados que se esconden
y a traiciones que se ven?
¿Yo, pagar la ociosidad
de Alfonso? ¿Yo, entretener
sus años? ¿Yo, divertir?
¿Yo? ¡Templad su indigna red!

¿Qué bajamente pensásteis
de mí? ¡Qué mal conocéis
mis bríos; que aún le durara
lo partido del laurel!

Rey [Aparte.]   (¿Queréis responder, don Juan?
¡Qué altiva, hermosa esquivez!
¡Con miedo espero!)

Juan [Aparte.]   (¡Qué estrechos
cielos navega mi fe!)
No tenéis razón ninguna,
señora, y no perdoneis:
que la indignación no es culpa,
que el amar no es ofender,
y es tanto un rey, y más tanto
como Alfonso, que a poder
ceñir floreciente hiedra
más alta hermosa pared
no era queja, no era injuria
en prendello, y para ser,
no digo desvelo suyo,
sino cuidado cortés.
Al rey bastar no pudiera
—ora enamorado esté
o lo solicite ocioso
o lo parezca fiel—,
menos sangre que la vuestra,
menos beldad y altivez,
menos gloria, menos alma,
menos luz, menos mujer.

Elvira   Desalumbrado primero
os oí, mas no escuché

groserías embozadas
en tan necia y buena ley.
¿Por qué lícitos caminos
la gracia al rey merecéis,
formándole gusto grande
al aplauso aragonés?
Vilmente viene tras fortuna.
¡Empresa indigna! Ponéis,
la primera huella en que pisen
los despeños del poder.
¿Vos, de negocios tan flacos,
ministro? ¿Vos ejercéis?
¿Matáis?; que aún las callara
la osadía de un papel.
¿Vos, a mí, recados? ¿Vos?
¡Sois un necio, un infiel,
un desatento, un villano,
un grosero, un descortés,
un ignorante, un soberbio,
un atrevido, un cruel!

[Aparte.]   (Un ingrato iba a decir,
                                 y el alma voy a perder.)

(Vase.)

Rey   Mujer fiera, y ley hermosa
                                 de criado, yo daré
                                 la victoria —a mi nombre—,
                                 y el remedio a su desdén.

(Vase.)

Juan   Fidelidad costosa,
                                 de ilustre sangre obligación primera:

no basta que yo muera,
pues me veo en desdicha tan hermosa
y en pasos tan perdidos
fiel al rey, y traidor a mis sentidos.
  ¡Quejoso esté lo amante!
¡Dé voces contra mí la propia vida,
que en fe, nunca vencida
y en un pecho constante,
la que lealtad se nombra
al rey, que es todo luz, le adora en sombra!
  Un alivio, mi pena,
allá en tanto dolor y en mal tan justo,
que todo muere en mí, si no es el gusto;
pues ni rompo la ley ni la cadena,
y Elvira siempre amada aunque ofendida.
Viva en mí la razón y no la vida.

(Sale Aldonza.)

Aldonza   Con gran ceño y grande enfado,
y sin hablarme se ha ido.
Sin duda, Elvira ha sentido
que me quiera demasiado.
  Señor don Juan, ¿qué temor
existe?; que no es culpado
en respetos sin cuidado
y en decencias un amor.
  Hablad, decid, confiada
vuestra pena bien sentida;
que puede ser que en lo oída,
le restaureis lo callada.
  No detengáis vuestras glorias;
que esperar que una mujer
diga que os quiere es querer,

sin pelear, dos victorias.

Juan

        Solo responderos puedo,
señora, que aun lo pensado
dentro de lo imaginado,
obedece todo al miedo.
  De una lucida fatiga
que en alta parte se emplea
consiste el premio en que sea
y el alivio en que se diga.
  No vive a tonta jamás
la fe a semblantes ajenos;
que nadie ha menester menos
que el que sabe querer más.
  De amor sé el sabroso encanto,
pero de ajeno dolor
yo sé poco; y a mi amor
no le sufro yo hablar tanto.

(Vase.)

Aldonza

      ¿Hay tan antiguo y tan nuevo
amante? ¡Perdone el gusto!
Ya le ocasione y ya es justo,
pagarme lo que me debo.
  ¿Yo decillo y llegar yo
a buscalle para mí?
El dejar hallarme, sí,
pero tan hallada, no.

(Sale Gonzalo.)

Gonzalo

     ¡Valga el diablo el mundo infame!
No tomar ni recibir

y siempre escuchar y oír
la tremenda voz de un «dáme».
    Yo estoy loco de furor;
que no hay quien no llegue a creer
que yo, yo le puedo hacer
obispo o corregidor.
    Y porque el vulgo cruel
no diga cuál va el picaño
a más de alguno que antaño
no hiciera yo caso de él,
    abonetadas le aplaco,
muy puesto yo en ser bien quisto
Que no valgo —¡vive Cristo!—
dos higos para bellaco;
    pero, ¡quedo!, que está aquí
doña Aldonza, mi señora.
¡Qué contentada estará agora!
Oh, mi amo! Luego la vi.
    Que tras tanta jerigonza
de callar sin declararse,
había de enamorarse
de toda una doña Blanca.

<table>
<tr><td>Aldonza</td><td>Gonzalo es éste.</td></tr>
<tr><td>Gonzalo</td><td>Ama mía,</td></tr>
</table>

¿qué tenemos? ¿Hubo en prosa
billetón enmarañosa,
[en que algo el amor se fía?]
    ¿Hubo papelón pulido,
en lenguaje de obra prima
y en desatinada enigma,
sin entenderse, entendido?
    ¿Hubo plática penayda?

¿Hubo turbación famosa?
¿Hubo queja misteriosa?
¿Hubo también...

Aldonza   No hubo nada.

Gonzalo   ¿Cómo?

Aldonza   Tu dueño llegó;
habléle, ocasión le di
de hablarme y solo entendí
que nada me respondió.
   O no ha resuelto el papel
de declararse, o espera
que yo lo haga todo.

Gonzalo   Fuera
gran descanso para él.

Aldonza   ¡Gracioso menguado estás!

Gonzalo   Yo pienso que de malicia.
Calla, y si no es por justicia,
no le harán hablar jamás;
   que no es posible que haya
quien calle. Y aunque el se está,
vizcaíno vienen ya
papagayos de Biscaya.
   He aquí: albricias te pido,
que estar seco y no obligar
es que ya empieza a gastar
necedades de marido.

Aldonza   Gonzalo, resuelta quedo

y no es gran presunción mía:
a no dalle la osadía,
basta que le quite el miedo.

(Vase.)

Gonzalo   Furiosa va si el reclamo
no es cierto. Mas, ¿quién lo impide
que lo Aldonza y de lo pide
lo exquísito de mi amo?
     Pero aquí viene gran gente
del seor mi amo. ¡Oh, que bien
murmurara, y yo también
     lo ayudara lindamente!
     Quiero escuchallos, mas no,
que en fin, si lo he de callar,
¿qué presta? Y si lo he de hablar,
basta que lo invente yo.

(Van saliendo Don Blasco y los Cortesanos.)

Lupercio   No siempre el mundo es el malo.

Cortesano   Ved que está un criado allí.

Lupercio   Bien me advertís. Ansí,
servidor señor Gonzalo.

(Hacen muchas reverencias a Gonzalo los Cortesanos.)

Blasco   Ved, ¡qué atención!

Lupercio   ¡Tanto ocio!

Gonzalo

¿Ocio? ¡Si de holgarme vengo!

Lupercio

Con vuesté un negocio tengo.

Gonzalo

Si es conmigo no es negocio.

(Vase.)

Lupercio

 ¡Qué ángel, común sentimiento
el que es don Juan afectado
y que tiene en lo extremado
excesos de entendimiento!
 Es hombre que a la extrañeza
se entrega todo y le aplace
lo más singular y hace
de la cortedad grandeza.
 Y siendo ayer el aliento
de lo festivo, entregado
hoy al desvelo y cuidado
muy pesadamente atento.
 A su fortuna deshace
con la estrecheza en que vive,
tan crudo que aun no recibe
las gracias del bien que hace.
 El retiro de don Juan,
no hay sufrille; y más en nuevo
reinado y con rey mancebo,
bizarro, ardiente y galán.
 Ya cansa tanto despierto
vivir, tanta rectitud,
tanta modestia y virtud.
¿No digo bien?

Blasco

 No, por cierto;

que hablaréis con más templanza
y aun no tuviérais disculpa
si lo que halláis para culpa,
buscáis para alabanza.
  Y no queráis otra muestra,
que en su favor os arguya;
pues viene a ser gloria suya
hasta la comlunia vuestra;
que ejemplo Aragón ha visto
igual en celo, en pureza,
en templanza, y entereza;
que el poder solo es mal quisto.
  ¡Qué criados tan compuestos
los suyos; y qué ceñidos
sus ministros, y excedidos
de humildes y de modestos
  sus deudos! ¡Que a maravilla
lo fueran! En Aragón
no los tiene, y todos son
los mayores de Castilla.
  ¿Quién a tan gran caballero
niega el honor que merece?;
que en gobiernos se aborrece
no el peor, sino el postrero.

Cortesano   Si a tanta luz descubiertas
sois de sus partes testigo,
¿por qué sois vos su enemigo,
y nunca entráis por sus puertas?
  Que os celebra Zaragoza
por su enemigo y por hombre
de valor, y vuestro nombre
lucidos aplausos goza.

Blasco [Aparte.]   (¡Si piensa esta gente infiel
                          que me lisonjean ansí,
                          diciéndole a él mal de mí!
                          ¿Qué lisonjas le haré a él?
                              ¿Esto es enemigo o cierta
                          locura? Luego será
                          su amigo el que siempre está
                          gigante hambriento a su puerta.
                              Aquí la fortuna, el sello
                          hecho, que viendo a mentillo,
                          está obligada a sufrillo,
                          y alguna vez a creello.)
                              Si en la ambición que a otra abrasa,
                          nada quiero que me den,
                          y hablar y querelle bien
                          lo puedo hacer en mi casa.
                          Yo le estoy lisonjeando;
                          yo, quien le cohecha soy
                          porque yo el tiempo le doy,
                          que todos le estáis quitando.

Lupercio   ¡Gran hombre!

Blasco   Mudan lenguaje
                          los que émulos suyos son.
                          También todo es ambición,
                          sino que anda en otro traje.

(Vanse, salen el Rey y Don Juan.)

Rey   Brava mujer, mas locura
                          es presumirse tan bella
                          y grande.

Juan   Señor, en ella
aun lo fiera es hermosura.

Rey   Don Juan, yo he de porfiar,
que aunque la fe es poderosa,
tiene opinión de dichosa
una porfía en amar.

Juan   Señor, en tu bizarría
y grandeza, que con fe
solo ha de amar, no hay en qué
se ejercite la porfía.
    Acuérdate que no has hecho
a don Blasco de Alagón
merced, y hacella es razón.

Rey   No he quedado satisfecho,
don Juan, de tu diligencia,
y otra quiere amor que intente.

Juan [Aparte.]   (No está en más de lo que siente.)
Haces bien; que una experiencia,
muchas esperanzas quiere.

Rey   Quien de noticias se priva
aunque muchos siglos viva,
solo cuente lo que muere.

Juan [Aparte.]   (Que satisfecho no quedo.)
Dice el rey fuerte razón,
mas, ¿qué importa corazón?,
que sin la culpa no hay miedo.

(Vase.)

Rey

     Poderosa pasión, que aun más ardiente
que en sí propia en ajenos hielos arde,
cuanto me opongo a tu rigor más tarde,
menos domado espero el accidente.
Este dolor infiel que obliga y siente,
de mi rendido afecto no haga alarde;
resistámosle y muera, que un cobarde
solo en flaqueza ajena está valiente.
     Si don Juan fino anduvo a un mayor nombre,
me estoy debiendo a mí; páguese agora
un abismo de fe con otro abismo.
     Y aun ventaja de rey me debo en hombre
que siempre el rey, con alma vencedora,
ha de estar sobre todo y en sí mismo.

(Sale Elvira.)

Elvira

     Volvió en ira el amor; dejó sangrienta
la memoria, y mi pecho es tan villano
que aun no aborrece la rebelde mano.
¿Qué osó la herida, y qué logró la afrenta?
     ¡Ah ignorante!, ¡ah dormida!, ¡ah desatenta
alma de un hombre vil, que acuso en vano!
y ¡oh, corazón, de mi quietud tirano,
que estragos tantos ve y aún no escarmienta!
     Tres batallas, tres guerras temo agora:
del rey la furia, de don Juan la calma,
y una sospecha que en mi pecho lidia.
     ¡Desdichas vengan, muchas en buen hora!
[¡Que ni esas batallas quepan en mi alma,
ni la sospecha de otra que me envidia!]

Rey [Aparte.]   (¡Qué esquiva que viene Elvira!)

Elvira [Aparte.]   (¡Qué mesurado el rey viene!)

Rey [Aparte.]   Qué suya que es la hermosura!

Elvira [Aparte.]   ¡Qué altivo se muestra siempre!

Rey   Elvira, ya tu respuesta...

Elvira   Vea vuestra alteza, si quiere,
que se la diga otra vez;
que la diré muchas veces.

(Diga esto Elvira muy apresuradamente.)

Rey   Todo es hermoso en lo hermoso;
no embaraces más desdenes;
y oye, que no vengo amante,
sino rey que sabe y puede.

Elvira [Aparte.]   (Si esto es amenazas, ¡viven
los cielos! ¡Que no, no tienen
los asombros hartos miedos,
ni los males hartas muertes!)

Rey   Elvira, don Juan de Ayala
en valor, nobleza y suerte
es lo que dice su nombre:
que la sangre nunca miente.
Es sin presunción, discreto,
es sin destemplanza, alegre,
sin extrañeza, bizarro,
sin demostración, valiente.
Virtud es de caballero;

en mi gracia le guarnecen
ni riguroso lo gusto
ni pesado lo prudente.
El lugar que yo le he dado
—bien que en pequeñas mercedes,
porque él las resiste todas—
es lo menos que él merece.
Yo he sabido —yo sé Elvira—,
que te adora y que padece
a toda su pena mudo
y a toda esperanza ausente.
Yo sé que en tu nombre vive;
yo sé que a tus plantas muere,
a solo tu amor rendido,
y a solo su voz rebelde.
Sus partes por él dan voces,
que la llama que enmudece
y entre sus cenizas arde,
oculta incendio más fuerte,
como en los campos del hielo,
quejosa oprimida fuente,
mal sufrida y bien atada
a los lazos del diciembre;
muda en su prisión el agua
entre el vidrio transparente
bulle, y respira en el centro
blandos gemidos la nieve.
Ansí en don Juan, detenidas
las ansias en sus corteses
afetos, señas brillaban
de suspiros más ardientes.
Don Juan es empleo justo
de tus méritos, que deben
a los suyos no menores

esclarecidos laureles.
Él te adore, él te merezca;
él te conozca; pues tiene
un rey que de voz le sirva,
y una deidad que le premie.

Elvira [Aparte.]   (¿Qué es esto? ¿Un rey con tal arte?
¿Y tan libre y falsamente
pone tan indignos lazos,
descoge tan flacas redes?
¿Un príncipe, un rey se pone
y con traza tan aleve
a desabrochar un pecho
que en paz tan despierta duerme?
¿Esto en un rey es camino
de saber? ¡Oh, si supiesen
qué grandes, qué soberanos
a todo nacen los reyes!)

Rey   ¿Qué respondes?

Elvira   Que no hay rey
que en un día a tener llegue
dos embajadas tan graves
en un negocio tan leve.
Nunca el superior ministro,
ni el príncipe, nunca suelen
ser contra nuestra esperanza
embajadores tan verdes.
Esto respondo al estilo
y a la sustancia. ¡Que intente
vuesa alteza hazañas dignas
de quien es! Pues, resplandece
en tan heroicas virtudes,

que en un rey es más valiente
lo que pelea en sí mismo
que en lo que los otros vence.
Que no es ésta ocupación
que con el nombre conviene
de Alfonso el Magno, si todo
las lisonjas no lo mienten.
Si es casamiento, a mis deudos,
si es amor, los ojos siempre
en el silencio se informan,
y en el retiro se entienden.
Yo no pretendo ni espero
que solo Elvira pretende
una estimación que prive
y una libertad que reine.

Rey   Elvira, advierte, que digo...

Elvira [Aparte.]   (Don Juan, ¡qué peligro advierte!)
Que soy todo lo que debo.

Rey   Señora, ¿qué no me entiendes?

Elvira   Entiéndote demasiado.

Rey   ¡Oye, mira, escucha, vuelve!

Elvira [Aparte.]   (¡Hombre astuto!)

Rey [Aparte.]   (¡Mujer rara!);
¿qué te recatas? ¿Qué temes?

Elvira   Con temer no hay qué temer.

Rey   ¿De qué huyes?

Elvira   De temerte.

Rey   ¿Temor? ¿Quién lo vence todo?

Elvira   ¡Ah, caricias infieles!

Rey   ¡Mira que te quiero ajena!

Elvira   ¡Mira que yo sé quererme!

Rey   ¡Mira que rey he nacido!

Elvira   ¡Mira que no lo pareces!

Rey   ¡Mira que a un príncipe agravias!

Elvira   ¡Mira que a una dama ofendes!

Rey [Aparte.]   (Si medios nobles desprecias,
                    guarda que irán los más fuertes.)

Elvira [Aparte.]   (Engaños, todos sois flacos.
                    Lo que ha de vencer, ya vence.)

Fin de la segunda jornada

Jornada tercera

(Sale Gonzalo huyendo de Don Juan.)

Gonzalo ¿Éste es el premio que aguardo,
y el que un criado merece
leal? ¡Por Dios, que parece
que eres, mi amo, bastardo!

Juan Aquí, villano, sabré
quién este enredo inventó.

Gonzalo ¿Enredo? ¿Soy dueña yo,
porque en lo vulgar pequé?

Juan Solo en ti sospechar puedo.

Gonzalo ¡Palacio, cosa cruel!
¿El no hallar otro que en él
merezca hacer un enredo?

Juan Toda la casa, picaño,
habla en que yo quiero aquí
a doña Aldonza, y de ti
solo ha salido este engaño.
  Que hay una gente penada,
de tan cruda fantasía,
que si algo no se le fía,
lo habla todo, y todo es nada.

Gonzalo ¡Hay tal traición! ¡No hay disculpa!
[Aparte.] ¡No hay castigo! (Mas no quiero
mostrarme muy hazañero
que verá que tengo culpa.

Revelólo, —estoy furioso—
la Aldonza, ¡desdicha fiera!
Que solo yo hacer pudiera
enredo que no es dichoso.)
¡Si se prueba tal maldad...!

(Levanta el grito.)

[Aparte.]   (Yo daré, no hay que temer
que en palacio, no ha de haber
quien lo diga.) No es verdad.

Juan   ¿Por qué averiguar ofrezco
si a doña Aldonza has hablado?
Aquí te dejo encerrado.

Gonzalo   Daránme lo que merezco,
que es lo que no he menester,
Quien averigua verdades,
mentiras y necedades,
cuántas se obliga a creer.

Juan   ¡Ay, Elvira en mí penar!,
aunque se ignore este ardor,
no se infame en otro amor
tan alta razón de amar.

(Vase.)

Gonzalo   Encerrado me dejó.
Si acá viniese algún lego
de negocios, creerá luego
que lo mando todo yo.
Rumor siento en el cancel.

(Sale el Rey.)

Rey   De don Juan el cuarto abrí.

Gonzalo   Quedo, ¡el rey!

Rey   ¿Quién está aquí?

Gonzalo   ¡El rey, y yo estoy con él!
[Aparte.]   (Luego mi amo querrá
que yo tenga la culpa.)

Rey   ¿Quién?

Gonzalo   Soy yo, un hombre de bien,
si es traje que se usa ya.

Rey   No os turbéis.

Gonzalo   No haré.

Rey   Esparcido
[Aparte.]   parece (¡y don Juan le alababa!)
Conoceros deseaba.

Gonzalo   ¿Por qué lado? ¡Que han mentido!
¡Juro a Dios!

Rey   Mirad qué son.

Gonzalo   Soy muy hombre honrado, y sello
es mi oficio.

Rey   Estoy en ello.

Gonzalo   Pues, va de conversación
La propiedad pone aquí.

(Cúbrese Gonzalo halladamente.)

Rey   A don Juan, ¿qué tiempo habrá
que le servís?

Gonzalo   El que ha
que don Juan me sufre a mí.

Rey   No parecéis muy criado.
¿No murmuráis?

Gonzalo   Ni aun por lumbre
del amo; baja costumbre,
ello se está mormurado.

Rey   No os tiene muy bien premiados.
¿No da lo que se merece?

Gonzalo   Sequísimo hombre parece,
marido de sus criados.
   En lo demás, nombre eterno
se le debe.

Rey   ¿Y él le va
ganando?

Gonzalo   ¿No se hallará
en su poco de gobierno
   que se publica en tu gloria,

que mientras encierra, cierra?
¿No eres león de la guerra?
¿Eres fénix de la historia?
    Y tan tentado nací
de esto de la monarquía,
que todo, todo querría
gobernallo si no a mí.

Rey
                Son cuidados muy ajenos
de vos, que el gobernar
en que más se ha de tratar,
y en lo que ha de hablarse menos.
    ¿Sabéis a quién tiene amor
en palacio?

Gonzalo
[Aparte.]
                    ¡Voluntad!
(¡Al rey decir la verdad!
La Aldonza guarda.) Señor,
    gastan con desigualdad
los galanes de hoy el alma,
que estos años era calma,
pero agora es tempestad.
    ¡Que él ama a una dama es cierto!
Mas di, por Dios, su querella:
¿Es la Aldonza?

Rey
                        ¡No!

Gonzalo
[Aparte.]
                        ¿No es ella?
(Fui blando al primer concierto.)

Rey
                ¿Dama? Esa voz es mentira:
¡ninguna Aldonza se llama!

Gonzalo   Si doña Aldonza no es dama,
                                     ¿qué animal será?

Rey   ¿Es de Elvira?

Gonzalo   ¡Sancto Dios, dama pequeña!

Rey   Está en su cuarto en que yo...

Gonzalo [Aparte.]   ¿Es mondonga? (¡Díjelo!:
                                     ¡Segundo «pequé» de dueña!)

Rey   Con ella en palacio está;
                                     es prima suya y la asiste.

Gonzalo   No entendía yo ese chiste;
                                     ¡va de las damas! ¿Será...?

Rey   No las nombres, que profanas
                                     su deidad.

Gonzalo   No solo a ti,
                                     sino a todo, y aun a mí
                                     es bien que estén soberanas.

Rey   Todas bellísimas son,
                                     pero es altísimo el vuelo.

Gonzalo   ¿Es «doña Garza del cielo»,
                                     o es Elvira de Aragón?

Rey   No puedo deciros tanto.

(Sale Don Juan furioso, y repárese, en viendo al Rey, y asústese mucho
Gonzalo, y ándese escondiéndo detrás del Rey.)

Juan   ¿Secretos entre los dos?
                          ¡Mataréle, vive Dios!
                          ¡Él fue el traidor!

Gonzalo   ¡Cielo santo!
                          ¿Qué llaman?

Juan   ¿El rey aquí?

Rey   ¡Don Juan!

Gonzalo   ¡Oh, bendito rey!

Juan   La majestad y la ley.

Gonzalo   ¡Póngase en medio! ¡Eso sí!
                          Que entre dos que mal se quieren,
                          nadie se puso indiscreto.

Rey   Que es muy gustoso, os prometo;
                          yo le hallé.

(Mirando siempre Don Juan a Gonzalo.)

Juan   Siempre éstos mueren
                          por vivir entremetidos.
                          Señor, si él mereció veros,
                          y ha sabido entreteneros...

Gonzalo   En eso de entretenidos,
                          hable corto cada cual.

Rey   Haceros merced espero.

Gonzalo   No, si no juras primero:
                       «Por mi corona real,
                       non vollo.»

Juan   ¡Qué atrevimiento!

Gonzalo   Ha sido bien acordado;
                       que es lástima haber faltado
                       tan suntuoso juramento.

(Vase.)

Rey   Un negocio nuevo y grave
                       traigo, que abrevialle es justo.

Juan   De vuestra alteza es el gusto;
                       mi obediencia ya la sabes.

Rey   Ya estás, don Juan, informado
                       que en solo adoptarme funda
                       la reina Juana Segunda
                       de su vida y de su estado,
                         la quietud. Yo con liviana
                       ocasión, ni con locura
                       fiado, a su mal segura
                       condición incierta y vana,
                         en la empresa entrar no quiero,
                       si lo posible, lo honroso,
                       lo justo y lo provechoso
                       no lo examino primero.
                         Y esto, fiallo es en vano

de otro, porque solo sé
fiarme al celo, a la fe,
y al crédito de tu mano.
   Parte a Nápoles, y en ella
penetrar con seso y arte
cuánto abraza aquella parte
del mundo, lisonja bella.
   Ve seguro, y sin enojos;
que la esperanza me huye
de todo donde no influye
o mi consejo o tus ojos;
   que si el amor enlazo
en los dos prendas tan altas,
donde yo estoy, tú no faltas;
donde no estás, falto yo.

Juan   Sola una merced te pido
para irme luego.

Rey   ¿Y no más?

Juan   Que a don Blasco...

Rey   Tú verás
desagraviado mi olvido.
   Ya he publicado, perdona,
tu jornada, no a qué vas,
ni adónde. Y pues, hallarás
galeras en Barcelona.

Juan   Hoy partiré.

Rey   Que resuelvas
partir es cosa precisa,

y esto no es decir que aprisa
te vayas, sino que vuelvas.
       (¡Que cierto es que hará misterio
la ira!; pero no forzado
la sufro; que un buen criado
es lo mejor de un imperio.)

[Aparte.]

(Vase.)

Juan
       Ayer de mi diligencia
desconfió el rey, y hoy
me aparta, y luego me voy,
mucho ha tardado esta ausencia.
Con amor, con obediencia
serville y selle fiel
me toca. ¡Suerte cruel!,
que si esto no basta ansí,
no puedo enmendar yo en mí,
una culpa que está en Él.
       Pero culpalle no es justo;
que es rey, y al rey, en efeto,
si es razón, se la respeto;
se le obedezco si es justo.
No puede en mí ser injusto
veneralle; él mire en sí
lo que dispone allí.
Es acierto más fiel
respetallo para él
que acertallo para mí.

(Salga Elvira.)

Elvira
       Señor don Juan, solo agora,
que me alegro de toparos,
podré decir.

Juan   ¿A enojaros
siempre vos me halláis, señora?

Elvira   Vengo muy alborozada
[Aparte.]   a pagaros (¡qué ansias llevo!)
una embajada que os debo.

Juan   ¿Vos a pagarme una embajada?
[Aparte.]   (No la espero yo gustosa.)
Sin duda, con buena ley,
las altas partes de un rey
premiaréis, Elvira hermosa.

Elvira   Ni pago ni debo nada;
doña Aldonza me ha pedido
que os diga que se ha ofendido...

Juan [Aparte.]   (¡Oh perro, o vil!)

Elvira   ...y enojada
se muestra. Pues, declarado
el amor que la tenéis,
solo a sus ojos hacéis
ostentación de callado.
Vuestros desadvertimientos
han de quedar castigados,
que tenéis mal gobernados,
don Juan, los atrevimientos.
Calláis vuestro amor igual
a quién bien os le ha de oír,
y el de otro vais a decir
adónde os responden mal.
Vuestro término condeno
aunque presuma de hidalgo;

en vuestro amor hablad algo,
y no tanto en el ajeno;
   que hay voluntad, que callada
se presume y hace alarde
de muy civil. (¡Qué cobarde!

No se atreve a perder nada.)

Juan [Aparte.]   (¿Hay desdicha semejante?
¡Ah, vil criado embustero!
¡Ah, traidor! De rabia muero!)
Bella Elvira, no os espante
   que a responderos no acierte.
Querer a cualquier mujer
de cualquiera puede ser
justo acierto y noble muerte;
   pero lo que no se ama,
como el decoro lo vea
que amor, señora, no sea,
no es queja en ninguna dama.
   ¿Yo a Aldonza? Jamás en ella
pensé; ni aun pienso en mi vida
ofendella de querida.
Pues, ¿qué será de ofendella?
   Que yo muero y peno es cierto,
pero encerrado en mí mismo
tengo el alma en un abismo
y la voz en un desierto.
   Y a esto, ni aun la eternidad
le servirá de medida;
y porque estoy de partida
para otros reinos, mirad
   qué mandáis; que el rey me envía,
y he de partir.

Elvira   ¿Cuándo?

Juan   Al punto.

Elvira [Aparte.]   (¡Alma y vida y todo junto!
                           Quedó sin ser parte mía.)
                             Don Juan, partid en buen hora
                           y con bien podáis volver.

Juan   Conmigo no puede ser.
[Aparte.]   (¿Qué alma niega lo que adora?)

Elvira [Aparte.]   (¿Quién sufre un sufrido amar?
                           Amor.)

Juan [Aparte.]   (Fe.)

Elvira [Aparte.]   (Querer.)

Juan [Aparte.]   (Sentir.)

Elvira [Aparte.]   (Haced lo poco en morir.)

Juan [Aparte.]   (Haced lo más en callar.)

(Vanse y salen Aldonza y Gonzalo.)

Aldonza [Aparte.]   (¿Don Juan de partida? ¡Extraña
                           novedad! ¿Qué podrá ser?)

Gonzalo [Aparte.]   (Está Aldonza; ésta ha de ser.
                           ¡Cava y Rodrigo de España
                             por la posta! ¡Qué crueldad!
                           Se va y sin mí; y he topado

ya a muchos que me han mirado
no más que hasta la mitad.
    ¿Cuál es el mundo?; ¡Por Cristo!
¿Que he de fingir que he quedado
a grandes cosas?)

Aldonza [Aparte.]   (Cuidado
me ha puesto.) No te había visto,
    Gonzalo.

Gonzalo   ¿Tan presto?

Aldonza   Di,
¿Don Juan se ha ido?

Gonzalo   Se fue.

Aldonza   ¿Dónde?

Gonzalo   Yo solo lo sé.

Aldonza   Y, ¿cómo tú?

Gonzalo   Quedé aquí,
a sus negocios y entre ellos
es el mayor ya la ley.

Aldonza [Aparte.]   (¿Ir don Juan, y sin el rey?
Misterios son; pienso en ellos.)
    Adiós, Gonzalo.

(Vase.)

Gonzalo   Él le ayude.

¡Se le olvidó! ¿Hay tal mujer?
¡A vella pienso volver
no más de cuando estornude!
    Yo soy Gonzalo, ¿esto escucho?
En un día el mundo ves
trocado, y según él es,
¡por Dios!, que ha tardado mucho.
  ¡Helos, helos por do llegan
los bravos reverencieres
de mi amo y míos!

(Salen Lupercio y el otro Cortesano.)

Lupercio   No esperes
                que vuelva: que se navegan
                  estos golfos de palacio
                con terribles temporales.

Cortesano   Son escollos naturales
                las mudanzas.

Gonzalo [Aparte.]   (¡Qué de espacio
                  espero yo! Aunque me río,
                ¿qué hace conmigo este par
                de frescos? ¡Ven sin mirar!
                ¡Se han pasado!) ¡Ah señor mío!

(Pasan mirando con sesgo a Gonzalo.)

                ¿No tiene vusted con yo
                algún negocio?

Lupercio   ¡Con él!

Gonzalo   Tan bien «él» es que «yo,» ¡infiel
                           canalla!

Lupercio   ¿A qué se quedó
                           por acá?

Gonzalo [Aparte.]   (Vengarme intento.)
                           He quedado a despachar
[Aparte.]   (¡Por Dios, que me he de vengar!)
                           lo muy civil de otro cuento.
                              Oye vusté: Un portugués
                           con un ministro tenía
                           un negocio a quién hacía,
                           hasta dar en los pies,
                              mil reverencias. Salió
                           con él, y después topaba
                           al ministro y no le hablaba;
                           y un día le preguntó:
                              «Seor fulano, ¿que se han hecho
                           las reverencias de antaño?»
                           Y el dotísimo picaño
                           le respondió muy derecho:
                              «¿Reverencias? ¡Gran socrocio
                           para andar necios untando!
                           Guárdovoslas para cuando
                           con vos tenha otro negocio.»

Lupercio   Está bien, cuando con vos
                           le tenga, os ofrezco a hacer
                           las reverencias de ayer.

Gonzalo   Y lo creo, ¡juro a Dios!

(Vase.)

Cortesano   ¿No se sabe dónde ha enviado
el rey a don Juan?

Lupercio   Él fue
por la posta, y solo sé
que el oído es apartado.

Cortesano   Don Blasco viene.

Lupercio   ¡Qué cierta
en él tendrá la salida
todo!

Cortesano   Sabed que la herida
de don Blasco aún está abierta.
Él, astuto, no ha querido
lidiar con poder violento,
pero es tal de agora atento.

(Sale Don Blasco.)

Blasco [Aparte.]   (De estos sabré lo que ha sido;
que es gente que habrá tratado
de saber más de lo que es.)

Lupercio   Señor don Blasco, después
que anda el mundo tan turbado,
 no hay veros.

Blasco   ¿Qué turbación
tiene el mundo?

Lupercio   La jornada

de don Juan.

Blasco

         ¡Ah, desdichada
virtud! ¿Quién los necios son
  que persuadirse han podido
de Alfonso a una liviandad
igual de la majestad,
lo sagrado y lo escondido?
  ¿Por tan leve circunstancia
queréis penetrar tan presto?

Lupercio

  ¿Qué hay que penetrar en esto?
Don Juan se fue.

Blasco

         ¡Qué ignorancia!
  ¿Eso os mueve a maravilla,
si todos sabéis que hoy son
los infantes de Aragón
la turbación de Castilla?
  ¿No veis que por castellano,
y tan ilustre, ha querido
que don Juan medie el partido
de tanto ambicioso hermano?
  Pues sus deudos son bastantes
a poner iguales leyes
a las bodas de ambos reyes
y a la paz de los infantes.

Lupercio

  Por las materias de estado
habéis muy bien discurrido;
pero don Juan se ha partido.

Blasco

  ¡Qué necio, vulgo y cansado!
  O vaya o quede, no hay hombre

que a don Juan quite ni impida,
ni el ejemplo de su vida,
ni la gloria de su nombre.

(Vanse y sale Elvira.)

Elvira   Solo el silencio testigo
ha de ser de mi tormento
y aun no cabe lo que siento
en todo lo que no digo.
 Imposible ya se halla
el poder yo hablar jamás;
que en esta dulce batalla,
cuanto mi amor sufre y calla,
pena más y quiere más.
 Será de mi sentimiento
solo el desconsuelo amigo,
solo el padecer aliento,
solo el descanso tormento,
solo el silencio testigo.
 El amor en mí nació
a sufrille, y padecelle,
pero a más licencias, no.
¡Cielos! ¡Que aun no deba yo
tenelle para tenelle!
 Tanto mudo sentimiento,
ni a respirar, ni a un momento
no se apresure veloz;
que solo el callar la voz
ha de ser de mí, tormento.
 No hay capacidad que mida
mi eterna ardiente pasión;
que a pena tan bien sentida
viene angosto un corazón,

estrecha viene una vida.
    Cabe en mí todo el tormento,
todo el fuego, todo el viento,
todo lo que sufro y lloro;
cabe todo lo que adoro,
y ¿aun no cabe lo que siento?
    La injuria de este accidente,
y a que en mi culpa es tan clara,
solo una gloria consiente
que le sufriera y callara.
¡Quien fuera yo solamente!
    De mi amor que ya es morir,
solo Amor es mi testigo,
y, ¿aun no cabe en mí sentir
cuanto de él puedo decir
en todo lo que no digo?

(Sale el Rey.)

Rey   ¿Qué nueva traza he pensado
por don Juan?

Elvira [Aparte.]   (¡El rey!)
                                ¿La injuria
a nuevo amor? ¿Ya más furia?

Rey   Elvira, estoy agraviado
  que pienses que soy persona
—no por rey, sino por hombre—,
que he de ofender solo al nombre,
lo más bajo en mi corona
  en mí. Del reinar, te digo
que grande imperio no mira
a gran rey. Que el sello, Elvira,

lo he de tener yo conmigo.

Elvira   De lo que no ha menester,
vuesa alteza me ha informado.

Rey   Un gran pesar me has causado.

Elvira [Aparte.]   (Como no sea placer,
yo le perdono; mas no
que a don Juan apartes.)

Rey   Siento
que porque tú el casamiento
de don Juan dejaste, yo
me vea una hora sin él;
que dueño de un gran estado
en Italia le he casado.
[Aparte.]   (¡Turbóse!)

Elvira [Aparte.]   (¡Cielo cruel!)
¿A casarse partió?

Rey   Sí;
y volverá presto.

Elvira [Aparte.]   (¡Cielo!
Todo cayó por el suelo.
¡Ya no soy nada yo, en mí!)

Rey [Aparte.]   (Don Juan, muy bien te he pagado;
que por mí en tanto callar,
ya te sobrará el hablar.)

(Habla con el Rey.)

Elvira   Todo está bien empleado
                                en don Juan.

Rey   Queda avisada,
                            Elvira, que tú has de ser
                            quien reciba a su mujer.

Elvira   De una señora casada,
                                ésa es propia ocupación,
                            que yo...

Rey   En Castilla se tiene
                            ese punto. Aquí conviene
                            que la mayor de Aragón
                                la reciba y es precisa
                            esa circunstancia. Espero
                            casarte yo a ti primero.

Elvira [Aparte.]   Nada te ofrezco. (¡Qué a prisa
                                viene todo, esfuerzos vanos.
                            ¡Voy a morir! ¡Muera, muera!
                            ¡Pesares que ya cualquiera
                            tiene razón, tiene manos!)

(Vase.)

Rey   Toda la casa de Urgel
                            de que Elvira blasonó
                            tanto a tanto no bastó.
                            Pero Amor, ¿quién basta a él?

                              ¡Cuando pienso en quién soy y en qué he nacido:
                            Rey y a serlo aún no puedo, satisfecho

de haber tanto escuadrón de amor deshecho,
sin romper las murallas de mi olvido!

   A mi espíritu grande, aunque exprimido,
todo el campo de Amor le vino estrecho;
que en la ardiente batalla de mi pecho,
venciéndome, triunfé de mi sentido.

   Bien sé, o gran corazón, y no me engañas,
que debo yo a mis ínclitas memorias,
como en mi amor, triunfar en las campañas.

   Bien sé que deudas son mayores glorias,
pero en tanto que no hay otras hazañas,
basten las del sentido por victorias.

(Salen Lupercio y el Cortesano.)

Cortesano   Solo está; llegad.

Lupercio   Ya os digo
que ni a don Juan quiero mal.
Ni es crudo mi natural,
ni soy de nadie enemigo,
  sino que es ansia importuna
de la corte, que sedienta
de lo nuevo, se alimenta
de estragos de la fortuna.

Rey   Deseando están aquéllos
llegarse. Pues no ha de ser.
Ni don Juan me ha de deber
lo fácil de no creellos.
  Éstos cien mil alabanzas
me dijeran de don Juan
algún día, y hoy querrán
de envidias hacer venganzas.

(Sale Gonzalo muy recatado.)

Gonzalo   Quiero acechar, y será
                    mi primera acechadura
                    en palacio. ¡Si a ventura
                    me conoce el rey! Que ya
                        con licencia del decoro
                    hablé con él anchamente.
                    Tomo mi entrada.

Cortesano   ¡Detente,
                    bergante!

Gonzalo [Aparte.]   (¡Soltóse el toro!)
                        Traté...

Rey   ¡Apartad! Llega, espera.

Gonzalo   ¡Vivo es, por Dios, el Beltrán
                    que recibe bien su can!

Rey   Salíos vosotros afuera.

Gonzalo [Aparte.]   (¡Mal Beltrán!)

Lupercio [Aparte.]   (El rey pretende
                    saber de éste algún secreto.)

Cortesano   Era su amo muy discreto.
                    Poco sabrá.

[Vanse Lupercio y el Cortesano.]

Rey   ¿En qué se entiende,
                    Gonzalo?

Gonzalo   En morder las duras.

Rey   ¿Las duras? ¿Cómo?

Gonzalo   No sé...
                    ...en mi amo nada gocé...;
                    que él me pudrió las maduras.
                       De embozo ando por allí;
                    mas debo a un amo discreto
                    ponerme donde en efecto
                    no puedo bajar de mí.

Rey   Pues, ¿dónde dicen que está,
                    y a qué le envié yo?

Gonzalo   Seor mío,
                    lo primero a que os envío
                    es a que no estéis acá.

Rey   ¡Qué locura!

Gonzalo   ¡Que lo sea!
                    Y aun de celos de una moza.

Rey   No me debe Zaragoza
                    que una indignidad me crea.
                       ¡Oh, cuánto a un rey le conviene
                    aún no pensar cosa fea!;
                    que ayudan a que se vea
                    las muchas luces que tiene.

Gonzalo   Nada me da el rey, y en nada
                                reinar y dar se divide.

(Sale Lupercio.)

Lupercio   Audiencia don Blasco pide.

Gonzalo   Éste es toro de lanzada.
                                ¡Dios libre a mi amo!

Rey   ¿Audiencia,
                                don Blasco? ¡Gran novedad!
                                Dudoso espero; entre.

Lupercio   Entrad.

(Sale Don Blasco.)

Blasco   Dadme los pies y licencia
                                de hablarte a solas.

Gonzalo [Aparte.]   (¡El frasco
                                trae pólvera!)

Lupercio [Aparte.]   (¡Qué derechas
                                saldrán agora sus flechas!)

Gonzalo [Aparte.]   (Hallóse en todo el don Blasco.)

[Vanse Lupercio, el Cortesano y Gonzalo.]

Blasco   Aunque de tu palacio retirado
                                por cumplir, gran señor, con tu obediencia,
                                siempre a tu excelso nombre le he pagado

cuánto debe el honor a tu presencia;
que en lo servido y siempre venerado,
ni hace distancia el rey, ni tiene ausencia.
Solo un lugar le cabe en el efecto,
y todos los ocupa en el respeto.
    Mas si agora me veis entremetido
es —sufrilde a mi edad su atrevimiento—
por saber de don Juan en tanto olvido,
la causa, la noticia y fundamento.

Rey   El superior dictamen escondido
de los reyes, y el alto pensamiento,
preguntallo es delito a la advertencia
y sabello es peligro a la prudencia.
    Los reyes a las leyes soberanos
no deben dar de sí razón alguna;
que pasan de los términos humanos
y les ruega a lisonjas la fortuna.

Blasco   No os engañen, señor, consejos vanos;
que ya con ella o sin razón alguna,
combaten a los puestos más lucidos,
tempestades de lenguas y de oídos.
    Si a dar razón de vos nada os obliga,
sabed y basto yo.

Rey   ¿Qué dirá este hombre?

Blasco   Que si a don Juan osó voz enemiga
dudalle la virtud, culpalle el nombre,
hay verdad, hay valor, que a voces diga
[Aparte.]   (ya bátese a sus pies cuando le nombre
sus partes) sus virtudes eminentes,
que basta un laurel suyo a muchas frentes.

Cuando Aragón oyó, cuando vio España,
—perdone la ambición, calle la queja—,
el modesto poder que le acompaña,
la prevenida luz que le aconseja,
¿a quién —y tanto pueblo nos engaña—,
abrió la mano, ni cerró la oreja?
Que navegando siempre rumbo incierto
dentro en sus mismos golfos lleva el puerto.
    Tú eres Alfonso el Magno en quién respira
la ya oprimida Italia que te llama:
que si el común aplauso no es mentira,
Roma te espera, Nápoles te aclama.
Premia, premia a don Juan. Al nombre aspira,
deuda de tu valor y de tu fama.
A nadie has de faltar ni aun en los modos;
que el título de Rey es para todos.

Rey   Dadme los brazos generoso anciano,
claro honor de Aragón, que brevemente
veréis aquí a don Juan.

Blasco   Dadme la mano
y licencia para irme juntamente.

Rey   Quiero que me asistáis.

Blasco   Quiéreslo en vano;
que un retiro sin él en todo miente;
y afectar un sosiego y tener poco
es ambición de cuerdo en el más loco.
    Desde hoy quiero vivir en el mañana.
Dadme licencia.

Rey   Que entendáis querría

que ésa es otra ambición no menos vana.
Que la virtud no quiere demasía.
Servir y bien es parte soberana;
hacer lo justo es la justicia mía.
La que elige y reparte está conmigo,
y en mis jueces esté la del castigo.

(Salga muy alegre Gonzalo y con él, alguna gente.)

Gonzalo   ¡Víctor! ¡Todo se remedia!

Cortesano   ¡Qué presurosa jornada!

Gonzalo   ¡Pudiera, en lo apresurada,
ser jornada de comedia!

(Salga Lupercio y tras él, otro Cortesano.)

Lupercio   Señor, por la posta ha entrado
don Juan.

Cortesano   ¿Don Juan ha venido?

Lupercio   Don Juan.

Rey   ¡Ésta prisa ha sido!
[Aparte.]   (Que ha vuelto, no que ha llegado.)
Venga en buen hora.

Blasco   Saldrán
estos necios de su error.

(Salga Don Juan vestido lucidamente con botas y espuelas, acompañándole
los de la compañía.)

Juan   Dame los pies, gran señor.

Rey   Dame los brazos, don Juan.
                 Y una y otra vez los quiero
                 por llegar y ser también
                 tan presto.

Juan   Merezco bien
                 tu noticia...

Rey   Ya la espero.

Juan   La reina Juana segunda,
                 que en Nápoles reina agora,
                 de la Casa de Durazo
                 postrer fuego y nueva Troya,
                 después de haber excedido
                 en excesos a la otra,
                 de nuevo poblando el nombre
                 de tanta indigna memoria,
                 después de haber desterrado
                 con afrenta vergonzosa,
                 con escándalo insolente
                 y con pública deshonra
                 al rey Jacobo, su esposo,
                 que en virtudes tan gloriosas
                 la batalla con sus vicios
                 fue la mayor de sus glorias,
                 entregada a sus licencias
                 ningún afecto malogran,
                 ninguna culpa suspende,
                 ninguna maldad perdona.
                 Mal contenta en ser incendio

de su reino, a cargo toma
desquiciar a Italia al mundo
de la paz que ya no goza,
hasta sacrílegamente,
las tres sagradas coronas
extremecellas trenzando
los sacros jefes de Roma.
Y en tanto mísero ejemplo,
un solo capitán osa
de la ciudad reverente
hollar la grandeza a toda:
Braccio da Montone no humilla
la Sacra Testa imperiosa,
que el orbe todo su planta
ha besado con dos bocas.
[Éste, en Roma condottiere,]
de protector se conforma,
y yugo nuevo introduce
si ajenas coyundas corta.
Quedó por Juana el castillo
de Santángel, y de otra
el puerto. Ya intentos nuevos
el alto diseño engolfa
al Pontífice futuro,
que en constancia se coloca
laurel, en que tu gran padre
partió con César las hojas.
Reducille Juana intenta
la santa ciudad, y adorna
con el bastón de sus huestes
al fiero atrevido Sforza.
Parte contra Braccio, luego
le vence, oprime y despoja;
y del fluctuante imperio,

quietas las rebeldes ondas
y a la tempestad calmada,
nuevas erizadas olas
del napolitano leño
turban la serena popa.
Luis, duque d'Anjou, que Rey
se apellida y, con remota
anciana razón, muy verdes
sus esperanzas corona.
La empresa del reino abraza,
el tirreno mar asombra
y la sirena, entre espantos,
bate la guedeja hermosa.
Todos sus verdes confines
dudan y tiemblan sus costas,
y en tempestad de bajeles,
a guardar sus playas tocan.
Sforza, ya condestable,
con alma fuera y celosa
de que el gran senescal goce
misterios que nadie ignora,
persuade a Luis que al punto
asalte el reino, que sobra
la presteza; que en la guerra,
ella sabe ser victoria.
Juntos divididos luego,
lo rinden todo y destrozan
sin que a invasión tanta un hombre
osadamente se oponga.
Los nobles napolitanos,
que tantos destrozos lloran,
con más fuego apagar quieren
llama tanta y fe tan poca.
Los dos encontrados nombres

de Anjou y Durazo tornan;
y mal certadas traiciones,
sangrientas cabezas brotan.
La reina, que entre escarmientos
ve que es gala poco airosa,
la púrpura que se halla
en su vergüenza más roja.
Recatada y detenida,
cuida y previene y —¿qué importa
si a su clamor son de Italia
las piedras las menos sordas?—
y todos la dejan, yo primero.
Todos, porque no es dichosa;
todo falta, que es más breve
una dicha que una aurora.
Por respiración postrera,
obligada de la sola
esclarecida esperanza
de tu nombre y fama heroica,
padre y amigo te espera,
hijo y sucesor te adopta,
primero Cipión te aclama,
segundo Anibal te nombra.
Apenas la ves, escucha
el pueblo, cuando en sonoras,
festivas, alegres voces
«¡Viva Aragón!» dicen todas.
Las repúblicas vecinas
a socorella se exortan,
que Marte y Sol de la guerra,
aún les hace luz tu sombra.
¡Ea, quinto Alfonso el grande!,
Italia otra vez conozca
de Aragón las tres espadas,

tantos siglos vencedoras:
la bellísima Valencia,
la constante Barcelona,
de Cerdeña triunfos tantos,
y dos cetros de Mallorca.
Segundo Pedro en Sicilia,
el derecho antiguo cobra
de Manfredo, y también tenga
Nápoles su Zaragoza.
¡Hijo de Fernando!, pisen
tantas como él lunas moras,
cometas italianas,
sus banderas españolas.
¡Ea, otra vez, magno Alfonso!,
la empresa es justa y forzosa;
que de una mujer que ruega,
no razón, lágrimas sobran.
No detengas, no, tus hados;
da materia generosa,
que el mundo te reverencie,
que el orbe te reconozca,
que los príncipes te imiten,
que te huyan las lisonjas,
que te aplauden las naciones,
y te admiren las historias.

Rey   Otra vez mis brazos sella,
don Juan, por tan informada,
cuerda e importante jornada,
y más por lo breve de ella.
  Prevéngase mi familia
la armada, y a toda la gente
que he de pasar brevemente
a Cerdeña y a Sicilia.

Blasco   Dadme a mí, don Juan, también
                    los brazos.

Juan   Y el corazón
                    con ellos.

Gonzalo   ¡Que amigos son
                    mi amo y el Blasco! ¡Oh, qué bien
                    vusía me ha despenado!;

(Llegue Gonzalo a Don Blasco.)

                    ¡Qué enemigo le tenía!
                    Y cierto que es vueseoría
                    muy pesadamente honrado.

Juan   ¿Siempre estás, Gonzalo...?

Blasco   ...Es can
                    de ley.

(Llegue a su amo con muchas zalemas.)

Gonzalo   ¡Bueno! Él besa pies;
                    ¡tenga! ¿Qué vusía es
                    él que no estaba, don Juan?

Cortesano   Bien le recibió y contento.

Lupercio   Jamás lo dudes, son amos
                    los reyes, muy reyes. Vamos
                    a esperalle en su aposento.

(Vanse.)

Rey   Ved, don Blasco, este papel
                       que previne para vos,
                       y haceldo luego y adiós.

Blasco   ¿Veré lo que dice en él?

(Toma el papel Don Blasco y léele.)

                          «Luego que abráis este pliego,
                       con secreto y brevedad
                       lo que dice ejecutad
                       y ha de ser luego; voy luego.»
                          Notable es el rey.

[Vase Don Blasco.]

Rey   Don Juan,
                       escrupuloso de ver
                       que Elvira es tanta mujer,
                       y que yo un tiempo galán,
                          bien que en ofensa decente
                       la enojé y que ya casado
                       te espero, dueño la he dado.

Juan [Aparte.]   (¡Muerto soy!)

Rey   Y juntamente
                       te caso a ti porque impida
                       el quedarte qué sentir.

Juan   De no quedar qué morir,
                       gracias le doy a mi vida.

114

¿Casada Elvira?

Rey   Casada.

Juan   ¿Y yo?

Rey   También.

Juan [Aparte.]   (¡Corazón!)

Rey   De don Blasco de Alagón
te informarás.

(Vase muy mesurado.)

Juan   ¿Qué jornada
ha sido ésta? ¡Qué en su historia
y en recelo tan temido
más que del rey, el olvido,
he temido su memoria.
   ¡Casada Elvira!; eso sí,
desdicha es, pero si no
tuve más que amarla yo,
con todo me quedo en mí.

(Sale Elvira.)

Elvira [Aparte.]   (Pues tuve aliento y valor
para excusallo y creello.
¡Muera yo también con ello!)

Juan [Aparte.]   (Si fuiste verdad y amor,
Amor, ¿qué te prometías,
sino desdichas, rigores,

en fin, las penas mayores?
¡Las más que las más, las mías!)

Elvira   Sea don Juan parabién,
antes que vuestra venida,
vuestro casamiento.

Juan [Aparte.]   (¿Hay vida
que tantas muertes le den?)
Con el gusto que recibo
el vuestro, os le doy, señora,
de hallaros casada agora.

Elvira [Aparte.]   (¡Cielos! ¡A más tormentos vivo
si el rey cumplió su cruel
promesa, y le ha dicho...

(Sale Aldonza, muy apresurada.)

                ...¡Ay fiera!)

Aldonza   Don Blasco, prima, te espera
muy aprisa.

Elvira   Espero en él,
si ofenderme el rey desea,
[Aparte.]   todo el remedio. (¡Ay, perdido
don Juan!)

[Vase doña Elvira.]

Juan [Aparte.]   (¡Ay, rey bien servido,
aún no he de culparte!

Aldonza   Sea
                         para bien el casamiento,
                     señor don Juan, como es justo,
                     si es que fuere a vuestro gusto.

(Vase Aldonza.)

Juan   ¿Hay más pena? ¿Hay más tormento?
                         ¿Qué mujer es ésta? ¡Ay, Dios!
                     ¿Qué me da el rey? ¡Vive el cielo!
                     ¡Qué asombros pisa el recelo!

(Sale Gonzalo.)

Gonzalo   ¡Mi amo y la Aldonza! ¡Ah, otros dos!
                         A sagrado me recojo
                     por hacia aquí.

Juan   ¡Éste es el fiero
                     origen! ...Pero no quiero
                     cebarme en tan flaco enojo.
                         Llega, llega.

Gonzalo   Él no haya más
                     falta; que de cosas juntas
                     se han visto, no me preguntas.

Juan   Tú sin ello lo dirás:
                     ¿Hubo enemigos?

Gonzalo   Que hay uno.
                     ¿Vendrás de todo, don Juan?
                     Todos, todos lo serán,
                     mas no me digas ninguno.

Obra lo justo: es lo cierto;
que este lugar —parta o quede—
tener seguro no puede
otro amigo que su acierto.

Juan

Di, Gonzalo: ¿Has entendido
con quién me casa el rey?

Gonzalo

Sí,
que él me habló, y le respondí
que amabas...

Juan

¿Qué has respondido,
hombre?

Sale Lupercio

Lupercio

El rey os llama.

Juan

Voy
sin mí.

Gonzalo [Aparte.]

(¡Gran «cómo» le he dado!)

(Van saliendo.)

Elvira

¿Qué es esto?

Blasco

El rey lo ha ordenado,
y esto basta.

Elvira [Aparte.]

(¡Muerta soy!)

(Van saliendo por una puerta la mitad de la compañía muy lucidos, con plumas y cadenas, y Elvira y Aldonza con lechuguillas, y por otra puerta, a su tiempo saldrá la otra mitad de la compañía, también muy galanes, y el Rey y Don Juan con cadenas, y Don Blasco de Aragón trae de la mano a doña Elvira.)

Gonzalo
                        ¡Qué fértil y qué galán
                        pedazo hermoso de mozas!

Blasco
                        Lleguen presto las carrozas.

Gonzalo
                        ¡Noches!

Elvira
                            Yo, de don Juan
                        recibir la mujer, yo?

Aldonza
                        Viene esta novia embozada.

Juan
                            Señor, no me ha dicho nada
                        don Blasco.

Rey
                            No importa.

Juan
                                ¿No?
                        (¿Si es doña Aldonza con quién
[Aparte.]
                        casarme el rey determina?)

Rey
                            Gentil viene la madrina,
                        don Juan.

Elvira
                            Sale el rey también
[Aparte.]
                        (de mi muerte a ser testigo).

Juan
                            ¿Qué importa? Que el rey lo quiera.

Gonzalo   ¿Qué mujer don Juan espera,

si le casa el rey conmigo?!

Rey   Doña Aldonza...,

Gonzalo [Aparte.]   (¡Cierra España!)

Juan [Aparte.]   (¿Qué escucho?)

Rey   ...ilustres varones,
ya que en tan altas acciones,
tanta gloria le acompaña,
¿a don Juan...

Juan [Aparte.]   (¡Estoy perdido!)

(Tómanse las manos y échanse a sus pies.)

Rey   ...no merece...

Elvira [Aparte.]   (¡Esto es morir!)

Rey   ...que le salga a recibir
doña Elvira por marido?

Gonzalo   Ayala dijo en Castilla
otra voz.

Elvira   ¿Quién se levanta
de tus pies a gloria tanta,
que bien a tus pies se humilla?

Rey

                     Tú solo te has excedido.

Blasco

                ¡Viva Alfonso!

Rey

                          Dar espero
marido a Aldonza.

Aldonza

                        ¡No quiero
que me deis lo que no pido!

Elvira

                ¡Mi don Juan!

Juan

                           Calle, señora,
y mi dicha me oye en vos.

Gonzalo

                ¡Eso sí, cuerpo de Dios!
¡Hablárselo todo agora!

Rey

                   En un papel...

Juan

                          Ya no hay miedo.

Rey

                  ...tiene las mercedes tuyas,
don Blasco, y también las suyas.
¡Publicaldas!

Gonzalo

                    Quedo, quedo.
Todo a tan gran rey se fía.
Habrá tajos y reveses,
duques, condes y marqueses
y rentas de gran valía.

(Toma un papel en la mano Don Blasco.)

Juan   Senado, no hay resistillo,
              Comedia y amor dejallo,
              ni ofrecello ni pensallo
              ni callallo ni decillo.

              Fin de la comedia

Libros a la carta

A la carta es un servicio especializado para

empresas,

librerías,

bibliotecas,

editoriales

y centros de enseñanza;

y permite confeccionar libros que, por su formato y concepción, sirven a los propósitos más específicos de estas instituciones.

Las empresas nos encargan ediciones personalizadas para marketing editorial o para regalos institucionales. Y los interesados solicitan, a título personal, ediciones antiguas, o no disponibles en el mercado; y las acompañan con notas y comentarios críticos.

Las ediciones tienen como apoyo un libro de estilo con todo tipo de referencias sobre los criterios de tratamiento tipográfico aplicados a nuestros libros que puede ser consultado en Linkgua-ediciones.com.

Linkgua edita por encargo diferentes versiones de una misma obra con distintos tratamientos ortotipográficos (actualizaciones de carácter divulgativo de un clásico, o versiones estrictamente fieles a la edición original de referencia).

Este servicio de ediciones a la carta le permitirá, si usted se dedica a la enseñanza, tener una forma de hacer pública su interpretación de un texto y, sobre una versión digitalizada «base», usted podrá introducir interpretaciones del texto fuente. Es un tópico que los profesores denuncien en clase los desmanes de una edición, o vayan comentando errores de interpretación de un texto y esta es una solución útil a esa necesidad del mundo académico.

Asimismo publicamos de manera sistemática, en un mismo catálogo, tesis doctorales y actas de congresos académicos, que son distribuidas a través de nuestra Web.

El servicio de «libros a la carta» funciona de dos formas.

1. Tenemos un fondo de libros digitalizados que usted puede personalizar en tiradas de al menos cinco ejemplares. Estas personalizaciones pueden ser de todo tipo: añadir notas de clase para uso de un grupo de estudiantes,

introducir logos corporativos para uso con fines de marketing empresarial, etc. etc.

2. Buscamos libros descatalogados de otras editoriales y los reeditamos en tiradas cortas a petición de un cliente.

www.ingramcontent.com/pod-product-compliance
Lightning Source LLC
LaVergne TN
LVHW091726160726
843513LV00002B/25